_____ 님의 소중한 미래를 위해
이 책을 드립니다.

마키아벨리의 군주론

리 더 십 과
인 간 의
진 실 은
무 엇 인 가

마키아벨리의 군주론

니콜로 마키아벨리 지음 | 김경준 해제 | 서정태 옮김

메이트북스

메이트북스 우리는 책이 독자를 위한 것임을 잊지 않는다.
우리는 독자의 꿈을 사랑하고,
그 꿈이 실현될 수 있는 도구를 세상에 내놓는다.

마키아벨리의 군주론

초판 1쇄 발행 2019년 4월 15일 | **초판 3쇄 발행** 2023년 12월 1일
지은이 니콜로 마키아벨리 | **해제** 김경준 | **옮긴이** 서정태
펴낸곳 ㈜원앤원콘텐츠그룹 | **펴낸이** 강현규·정영훈
책임편집 안정연 | **편집** 남수정·최주연 | **디자인** 최선희
마케팅 김형진·이선미·정재훈 | **경영지원** 최향숙
등록번호 제301-2006-001호 | **등록일자** 2013년 5월 24일
주소 04607 서울시 중구 다산로 139 랜더스빌딩 5층 | **전화** (02)2234-7117
팩스 (02)2234-1086 | **홈페이지** www.matebooks.co.kr | **이메일** khg0109@hanmail.net
값 12,000원 | **ISBN** 979-11-6002-227-8 03320

이 도서의 국립중앙도서관 출판시도서목록(CIP)은 e—CIP홈페이지(http://www.nl.go.kr/ecip)에서
이용하실 수 있습니다.(CIP제어번호 : CIP2019012024)

그 어떤 찬사도
이토록 위대한 인물을 찬양하는 데
적합하지 않을 것이다.

• 마키아벨리의 묘비명 •

Contents

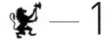 — 1

도덕적인 군주나
관대한 군주가 되려고 하지 마라

— 2

군주는 역경을
극복함으로써 더욱 위대해진다

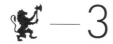

— 3

권력을 유지하려면
확고한 기반을 마련하라

 — 4

부하와의 거리는
너무 멀거나 가까워선 안 된다

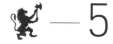

5
운이나 운명이 아닌
자신의 힘과 용기를 믿어라

해제
조직관리와 리더십의 바이블,
『군주론』

Niccolo Machiavelli

1

도덕적인 군주나 관대한 군주가 되려고 하지 마라

완벽한 선을 추구하지 말고
악해지는 법도 배워야 한다

많은 사람들이 현실에서는 존재했다고 알려진 적이 없는 공화국과 군주국을 상상해왔다. 사람들이 살고 있는 방식은 그들이 살아야 하는 방식과는 많은 차이가 있다. 살아가는 방식을 따르려고 일상을 벗어나는 사람은 구원이 아니라 파멸로 치닫게 된다.

그 이유는 모든 면에서 완벽한 선을 추구하는 사람은 악한 사람들 속에서 파멸하기 쉽기 때문이다. 따라서 자신을 지키려는 군주는 악해지는 법을 배워야 하며, 그것이 언제 필요한지도 알아야 한다.

악덕처럼 보이더라도
번영을 위해서라면 행해야 한다

가능하면 위험을 초래할 수 있는 일에 대비해야 하지만, 이
것이 불가능하다면 지체하지 말고 자신의 본성을 따라야 한다.
그런 악덕 없이 자신의 국가를 지키기 어렵다면 비난받는 것을
두려워하지 말아야 한다.

그 이유는 모든 것을 고려해보면 미덕처럼 보이는 것도 실행
했을 때는 파멸로 이어질 수 있고, 반면에 악덕처럼 보이더라도
행하면 안전과 번영을 가져올 수 있기 때문이다.

나라를 위해서라면
인정에 반대되는 행동도 해야 한다

군주는 자비롭고, 신의가 있고, 인정이 있으며, 신앙심이 깊고, 공정하게 보여야 하는데, 이러한 자질을 다 갖출 필요는 없다. 하지만 그것들을 모두 지닌 것처럼 보이는 것은 매우 중요하다. 감히 말하건대 이를 갖추고 계속 실천하면 해가 되지만, 가진 것처럼 보이는 것은 매우 유용하다.

군주는, 특히 최근에 국가를 세운 군주라면 사람들이 선이라고 여기는 것들을 모두 행할 수는 없으며, 종종 자신의 나라를 지키기 위해 인정·자비·믿음에 반대되는 행동도 해야만 한다.

따라서 군주는 운명의 바람이 변함에 따라 자신을 쉽게 바꿀 수 있는 융통성을 가져야 한다. 그리고 앞에서 말한 것처럼 가능하면 선에서 벗어나지 말고, 필요할 때는 악에 의지하는 법도 알아야 한다.

16

　군주는 앞에서 언급한 다섯 가지 자질이 결여된 말이 입 밖에 나오지 않도록 매우 조심해야 한다. 그를 보고 그의 말을 들을 때 인자하고 고귀하며, 인간적이고 공정하고 신앙심이 깊다고 느끼게 해야 한다.

　무엇보다도 마지막 덕목을 꼭 갖추어야 한다. 그 이유는 사람은 일반적으로 자신이 느낀 것보다 보고 들은 것으로 남을 판단하려고 하는데, 이는 보고 듣는 일은 누구나 가능하지만, 직접 체험할 수 있는 자는 소수이기 때문이다. 모두가 군주의 보이는 모습만 알 뿐 실체를 본 사람은 매우 적다.

　그리고 이 소수의 사람들은 국가의 통치하에 보호받고 있는 다수의 의견을 감히 반대하지 못한다. 왜냐하면 모든 인간의 행동, 특히 군주의 행동은 고려할 만한 다른 판단 기준이 없어 결과만 보고 판단하기 때문이다.

따라서 군주는 국가를 유지하는 데 성공할 수 있도록 부단히 노력해야 한다. 이를 위해 동원하는 방법들은 모두 명예롭게 여겨지며, 모든 사람들에게 칭송받을 것이다. 보통 사람들은 항상 겉모습과 결과로만 판단하고, 또 이런 속물들이 세상의 대부분을 차지하기 때문이다. 그러나 극히 소수가 지위와 권력을 차지하는 반면에 많은 사람들은 그들을 지지하지 않는다.

이름은 밝히지 않겠지만 우리 시대의 어떤 왕(아라곤의 페르디난트)은 평화와 선을 설교했지만, 만약 그가 이를 실천했다면 그는 자신의 명성과 나라를 거의 모두 잃었을 것이다.

관대하다는 평판 대신
인색하다는 평판이 필요하다

관대하다는 평판은 좋지만 지나치게 관대한 것은 군주에게 오히려 해가 된다. 충분히 관대했더라도 알아주지 않으면 반대편의 비난을 살 수 있기 때문이다.

관대하다는 평판을 받으려면 모든 면에서 호화스러운 생활을 그만두어서는 안 되지만, 이런 방법으로는 자신의 재산을 모두 허비하게 된다.

관대하다는 평판을 얻고자 국민에게 큰 부담과 과한 세금을 부과할 수밖에 없으며, 자금을 조달하려고 모든 수단을 동원하게 된다. 이 때문에 국민에게 미움을 사게 되고, 결국에는 가난해져서 모두에게 멸시를 당할 것이다.

또 그의 낭비로 많은 사람들은 고통을 받고, 혜택을 누리는 사람은 거의 없게 된다. 물론 그런 폐해로 군주 자신이 가장 먼저 고생하며, 갖가지 위험에 빠진다. 이를 깨닫고 그가 비용을 줄이고자 할 때는 곧바로 인색하다는 오명을 쓰게 된다.

따라서 군주가 손해 보지 않으려면 인색하다는 평판을 감수해야 한다. 그가 절약해서 나라의 세입이 높아지면, 전쟁이 발발해도 국민에게 부담을 주지 않고 이를 국방에 이용할 수 있다.

그 사실이 알려지면 왕은 많은 사람들로부터 관대하다는 평을 받게 될 것이다. 왕에게서 아무런 혜택도 받지 못한 사람들은 여전히 그가 인색하다고 생각하겠지만, 그것은 소수일 뿐이다.

관대함만큼 군주를
빨리 파멸시키는 것도 없다

군주가 국민들을 착취하지 않고도 권력을 유지하고, 빈곤과 궁핍 또는 약탈을 피하려 한다면 인색하다는 평에 신경 쓰지 말아야 한다. 왜냐하면 그것이 자신의 나라를 지켜줄 악덕 중의 하나이기 때문이다.

줄리어스 카이사르가 그의 관대함으로 제국을 획득했고, 다른 많은 사람들도 같은 평판으로 높은 지위까지 오를 수 있었다고 주장할 수 있지만, 그에 대한 내 답은 그들은 이미 군주였거나 그 과정에 있었다는 것이다.

전자의 경우 관대함은 해가 될 수 있지만 후자의 경우처럼 관대하다는 평을 듣는 것은 필요하다. 카이사르가 로마제국을 얻고도 지출을 줄이지 않았다면, 그는 분명히 낭비로 제국을 멸망시켰을 것이다.

도덕적인 군주나 관대한 군주가 되려고 하지 마라

그런데 자신의 군대로 위대한 업적을 이룩한 많은 왕들 또한 가장 관대했다는 평을 받는다고 누군가 반박한다면, 그 군주는 자신이나 신하 또는 다른 사람의 재산을 썼다고 나는 대답할 것이다.

첫 번째 두 가지는 매우 아껴 써야 하지만, 마지막 것은 아껴서는 안 된다. 군주가 군대를 이끌고 외국에 나가 약탈로 군대를 유지하면서 다른 사람의 재물을 사용하는 경우에는 매우 관대해야 한다. 그렇지 않으면 병사들이 그를 따르지 않을 것이기 때문이다.

키루스나 카이사르, 알렉산더가 그랬듯이 군주는 자신이나 신하의 것이 아니라면 아낌없이 써야 한다. 다른 사람의 재물을 사용해도 그의 명성은 사라지지 않고 오히려 높아지며, 자신의 것을 쓸 때만 해가 될 것이다.

그러나 관대함만큼 자신을 빨리 파멸시키는 것도 없다. 관대한 행동 때문에 그 관대함을 행할 능력을 잃어버려 빈곤해지거나 멸시받다가, 결국 강탈하게 되어 미움을 산다. 그리고 모든 것 중에 군주가 가장 경계해야 할 일은 신하들에게 증오와 멸시를 받는 것이다.

즉 관대함은 둘 중에 어느 한 가지 결과를 가져오므로 관대하다는 평을 듣기 위해 어쩔 수 없이 강탈하면서 증오와 불명예를 얻는 것보다는, 비난은 받지만 미움을 사지 않고, 인색하다는 평을 듣는 것이 더 현명한 일이다.

나라를 앗아갈 수 있는
악덕의 오명은 피해야 한다

　군주에 대한 공상은 접어두고 현실에만 집중하면, 세인들의 입에 오르내리는 모든 사람들 중에서 특히 군주는 눈에 띄는 위치에 있기 때문에 칭찬이나 비난을 받을 수 있는 성품이 드러난다.

　어떤 이는 탐욕스럽고 어떤 이는 인색하다고 평가한다. 탐욕스러움은 갖기 위해 약탈하는 것을 말하고, 인색함은 자기 것을 아끼기 위해 쓰지 않는 것을 말한다.

　어떤 이는 관대하며 어떤 이는 탐욕스럽고, 어떤 이는 잔인하며 어떤 이는 자비롭다. 사람을 평할 때 어떤 이는 불성실하지만 또 다른 어떤 이는 성실하고, 어떤 이는 유약하고 소심하지만 어떤 이는 사납고 용감하다. 또 어떤 이는 친근하고 또 다른 어떤 이는 오만하며, 어떤 이는 음탕하고 또 다른 어떤 이는 정숙하다.

어떤 이는 진실되며 어떤 이는 교활하고, 어떤 이는 경박하며 또 다른 어떤 이는 단호하다. 어떤 이는 침착하고 어떤 이는 경솔하며, 어떤 이는 믿음이 깊지만 또 다른 어떤 이는 의심이 많다.

위에 열거한 사람들 중에서 좋은 품성을 가진 군주가 가장 칭송받을 것임이 분명하다. 그러나 인간의 특성상 왕이 모든 것을 갖추고 실행할 수는 없기 때문에 적어도 나라를 앗아갈 수 있는 이런 악덕의 오명을 피하기 위해 신중해야 한다.

도덕적인 군주나 관대한 군주가 되려고 하지 마라

국민들의 미움을 사지 않을 정도로 두려움의 대상이 되어라

군주는 쉽게 믿거나 경솔하게 행동해서는 안 되고 두려움에 겁을 먹어서도 안 된다. 적절히 행동하고, 신중하며 자비로워야 한다. 지나친 자신감으로 부주의하거나 불신으로 남을 견디기 힘들게 하면 안 된다. 따라서 고수들은 사람들이 자신을 두려워하는 것보다 사랑받는 게 나은지, 아니면 사랑받는 것보다 두려워하는 게 나은지 의문을 가질 수 있다.

누구나 당연히 위의 두 가지 경우가 모두 바람직하다고 생각할 것이다. 하지만 두 가지를 모두 가지기는 어려우므로 둘 중 하나를 선택한다면 사랑받는 것보다 두려워하는 게 훨씬 더 안전하다. 일반적으로 사람은 은혜를 모르고 변덕스러우며, 위선적이고 위험을 회피하며 탐욕스럽기 때문이다.

그들에게 은혜를 베푸는 동안 그들은 복종하고, 위급하지 않을 때는 자신의 피와 재산, 생명과 자식들까지 바치겠다고 한다. 하지만 당장 필요할 때는 군주를 배반하게 되므로 다른 안전 대책 없이 그들의 말에 의존했던 군주는 파멸하고 만다.

왜냐하면 위대하고 고귀한 정신에서 비롯된 것이 아니라, 대가로 얻은 우정은 가치는 있지만 진실한 것이 아니며, 위기에서 의지할 수 없기 때문이다.

게다가 사람은 두려워하는 사람보다 사랑하는 사람을 공격하는 데 덜 망설이게 된다. 인간은 사악해서 은혜로 연결된 사랑은 한쪽의 이익을 위해 상황에 따라 깨질 수 있지만, 처벌을 알고 있는 사람은 두려움에서 떠나지 못한다.

어쨌든 군주가 국민들의 사랑을 얻지 못했다면 적어도 그들
의 미움을 사지 않을 정도로 두려운 대상이 돼야 한다. 그 이유
는 군주가 신하들의 재산을 빼앗지 않고 그들의 아내를 넘보지
않는 한 두려움과 증오는 동시에 일어날 수 없기 때문이다.

도덕적인 군주나 관대한 군주가 되려고 하지 마라

국민들에게 적정한 두려움은 주되
미움을 사서는 안 된다

두려워하는 것보다 사랑받는 게 나은가라는 질문으로 다시 돌아와보자. 결론을 말하자면 인간은 자신의 의사에 따라 사랑하고, 군주의 의사에 따라 두려움을 가진다.

현명한 군주는 타인의 생각이 아니라 자신의 생각에 의지해야 하지만, 앞에서 말한 것처럼 무엇보다 언제나 미움을 사는 일은 없도록 노력해야 한다.

도덕적인 군주나 관대한 군주가 되려고 하지 마라

때론 군주에겐 성실과 신의보다는 책략이 필요하다

군주가 신의를 지키고 교활하지 않으며, 정직하게 살아가는 것이 언제나 칭찬받을 가치가 있다는 것은 모두 알고 있다. 그러나 우리의 경험에 따르면 신의를 중요시하지 않고 지혜로운 사람들을 책략으로 속인 왕들이 위대한 업적을 남겼으며, 성실과 신의로 행동한 왕들보다 우위에 있었다.

경쟁에는 두 가지 방법이 있음을 알아야 하는데, 하나는 법에 의한 것이고, 다른 하나는 힘에 의한 것이다. 전자는 인간이 실행하는 것이고, 후자는 짐승들이 행하는 것이다. 그리고 첫 번째 것은 때때로 불충분하기 때문에 두 번째 것에 의지할 필요가 있다.

따라서 왕은 인간과 동물의 본성을 어떻게 이용하는지 알아야 한다.

도덕적인 군주나 관대한 군주가 되려고 하지 마라

군대는 잔인함 없이 단결하거나
위업을 달성할 수 없다

만일 어느 누군가를 처형해야 한다면 분명하고 정당한 이유가 있을 때에만 집행해야 한다. 무엇보다 사람은 유산의 상실보다 부친의 죽음을 더 빨리 잊기 때문에 다른 사람의 재산을 뺏는 일은 삼가야 한다. 뿐만 아니라 남의 재산을 뺏는 경우에는 어떤 명목이 있어야 한다.

일단 약탈하기 시작한 군주는 타인의 재산을 빼앗기 위해 어떤 변명이라도 할 것이다. 반면 사람의 목숨을 빼앗는 이유는 쉽게 찾을 수 없고, 이미 고갈되었다.

그러나 군주가 군대의 수장으로서 수많은 병사가 휘하에 있을 경우에는 잔혹하다는 비난을 무시할 필요가 있다. 왜냐하면 그런 잔인함 없이 군대는 단결하거나 성공적인 위업을 달성할 수 없기 때문이다.

현명한 군주가 되려면
여우와 사자의 본성부터 먼저 배워라

군주가 짐승의 본성을 이용하는 법을 잘 알려면 여우와 사자의 본성을 먼저 배워야 한다. 전자는 늑대로부터 자신을 지키지 못하고, 후자는 자신을 잡으려는 덫에서 벗어날 수 없기 때문이다.

군주는 덫과 올가미를 구별하기 위해 여우가 되어야 하고, 늑대들을 겁주기 위해 사자가 되어야 한다.

단순히 사자의 본성만을 취하는 사람은 자신의 역할을 잘 알지 못한다. 현명한 군주라면 약속을 지키는 것이 자신에게 불리하거나 맹세했던 이유가 사라지면, 그것을 지킬 수도 없으며 그래서도 안 된다.

만일 인간이 모두 선량하다면 이 교훈은 틀린 것이다. 하지만 인간은 본래 악하기 때문에 군주에 대한 신의를 지키지 않고, 군주도 같은 방식으로 자신의 신의를 지키지 않는다. 또한 모든 군주는 신뢰의 부재를 가장할 수 있는 정당한 이유를 가지고 있다.

여기에 대해서는 최근의 많은 사례를 들 수 있다. 그리고 군주의 신의가 사라지면서 얼마나 많은 평화 조약과 약속이 무효 처리됐는지 잘 보여준다. 또 여우의 역할을 가장 잘 알고 있는 자가 가장 큰 성공을 거두어왔다.

하지만 군주는 이러한 성질을 어떻게 감추고, 가장 위선적이고 가식적일 수 있는지 알아야 한다. 사람은 단순하고 즉각적인 필요에 의해 복종하기 때문에 속이는 자는 속기 쉬운 사람을 쉽게 찾는다.

Niccolo Machiavelli

2

군주는 역경을
극복함으로써 더욱
위대해진다

새로운 질서를 도입하는 것보다
더 어렵고 위험한 것은 없다

국가를 획득할 때 겪는 어려움은 국가 체제와 안보를 세우기 위해 새로운 법률과 제도를 소개하면서 부분적으로 생겨난다. 우리는 어떤 상황에서도 새로운 질서를 도입하는 것보다 더 어렵고 위험하며, 성공하기 어려운 일은 없다는 것을 명심해야 한다. 개혁자에게는 적과 미온적인 사람들이 있기 때문이다.

개혁자에게 구제도 아래에서 이익을 보던 사람들은 적이고, 아울러 새로운 제도 아래에서 혜택을 받을 사람들은 미온적인 태도의 옹호자다. 그들의 무관심은 기존 법률의 혜택을 받는 적들에 대한 두려움과 제대로 된 경험의 결과가 아니라면, 그 어떤 새로운 일에도 신뢰를 보이지 않는 의심에서 비롯된다.

개혁을 원한다면 애원이 아닌 자신의 힘에 의존해야 한다

새로운 질서에 반대하는 자들은 공격할 기회가 있을 때마다 열성 당원의 열정으로 달려든다.

그러나 그 대상은 무기력하게 방어할 뿐이다. 따라서 그들에게 의지하는 것은 위험하다.

이런 주제를 철저하게 논의하려면 개혁자들이 의지하는 대상이 자기 자신인지, 제3자인지를 알아봐야 한다. 즉 계획을 수행하기 위해 애원에 호소하는가, 무력으로 성취하는가 하는 문제다.

전자는 항상 실패했다. 그 어떤 것도 얻지 못했다. 개혁을 위해 자신의 힘에만 의존할 때 위험을 겪지 않는다. 손에 무기를 쥐고 나타난 선각자들은 성공했다. 그러나 빈손이었던 자들은 실패했다.

한편 인간의 성향은 변덕스러워 그들을 설득하기는 쉬우나
신념을 유지하게 만들기란 어렵다. 선각자는 더 이상 신뢰하지
않는 사람들을 강제로라도 믿게 해야 한다.

강경 조치는 매일같이 반복하지 말고
한 번에 강력하게 실행하라

한 나라를 차지할 경우 정복자는 필요한 강경 조치를 취해야 하는데, 한 번에 강력하게 실행하되 매일같이 반복해서는 안 된다.

이렇게 반복을 피함으로써 원주민의 지지를 얻고 은혜를 베풀어 그들의 마음을 사야 한다. 잘못된 조언에 따라 어리석게 행동하는 군주는 국민의 복종을 기대할 수 없으며, 그런 실정이 계속된다면 국민도 그를 신뢰할 수 없다.

모든 가혹 행위는 한 번에 끝내야 한다. 그래야만 덜 고통스럽고 반감을 일으키지 않는다. 반대로 은혜로움은 더 느낄 수 있도록 한 번에 하나씩 보여주어야 한다.

무엇보다 군주는 좋든 나쁘든 어떤 상황에서든지 백성을 생각하는 마음이 변함 없어야 한다. 상황이 불리해서 조치를 취하고자 할 때는 이미 적당한 시기를 놓치게 되며, 선의를 베풀더라도 마지못해 하는 것으로 간주되어 도움이 되지 않을 뿐더러, 감사해 하지도 않기 때문이다.

국민의 지지로 권력을 얻었다면
수많은 어려움을 겪기 마련이다

　귀족들의 도움으로 왕이 된 자는 국민들의 지지로 그 자리에 오른 사람보다 더 많은 어려움을 겪을 것이다. 전자의 경우 왕과 대등하다고 생각하는 사람들에게 둘러싸여 마음대로 그들에게 명령하거나 통치할 수 없다. 그러나 국민들의 지지로 국가를 세운 자는 독립적이며, 주위에 복종하지 않는 사람이 없거나 매우 적다.

　게다가 귀족들은 왕이 정직하게 나라를 다스린다고 해서, 올바르게 정치를 한다고 해서 만족하는 것은 아니지만, 국민들은 그걸로 충분히 만족해한다. 즉 귀족들은 억압하려는 반면 국민들은 억압받지 않으려고 한다.

　이와 다르게 살펴보면 국민은 다수이기 때문에 왕은 절대로 자신에게 적대적인 국민들로부터 안전할 수 없지만, 귀족들은 소수이기 때문에 왕위를 보장받을 수 있다.

　군주가 적대적인 국민들에게 당할 수 있는 최악의 일은 외면받는 것이다. 그러나 자신이 두려워해야 하는 적대적인 귀족들은 그를 저버릴 뿐 아니라 저항할 수도 있다. 그들은 선견지명이 있고 교활해서 언제나 미리 자신의 안전을 도모하고, 승리할 가능성이 있는 편에 서려고 하기 때문이다.

　여기서도 다르게 살펴보면 군주는 항상 국민들과 함께 살아야 하지만, 귀족들 없이도 통치를 잘할 수 있다. 군주는 자신의 의지대로 언제든지 귀족을 만들거나 없앨 수 있고, 마음 내킬 때 권력을 주거나 빼앗을 수 있다.

군주는 반대 세력들을 극복함으로써
더욱 위대해진다

군주는 모든 어려움과 자신에게 대항하는 반대 세력들을 극복함으로써 위대해진다. 운명의 여신은 새로운 군주를 강하게 하려고 할 때 적을 만들어 그에게 도전하게 하는 것이다(왕위 계승보다 명성을 얻는 것이 중요한 경우). 이를 통해 그가 극복할 수 있는 힘을 기르고 적들이 놓은 사다리를 통해 더 높이 비상할 수 있도록 한다.

따라서 많은 사람들이 현명한 군주는 기회가 왔을 때 능숙하게 자신에 대한 반목을 유발함으로써 이를 극복하고, 더욱 위대해질 수 있다고 생각한다.

군주에게 충성을 다하면서
탐욕스럽지 않은 귀족들은 아껴야 한다

귀족은 크게 두 가지 부류로 나누어볼 수 있다. 즉 자신들을 군주의 운명에 전적으로 맡기는 부류와 그렇지 않은 부류가 있다. 이렇게 군주에게 충성을 다하면서 탐욕스럽지 않은 사람들은 예우하고 아껴야 한다.

군주에게 충정을 보이지 않는 사람들은 겁이 많거나 천성적으로 용기가 없는 자들이다. 그들 가운데 지혜가 특출나거나 지식인이라면, 등용해서 잘 이끄는 것이 좋다. 그들은 중흥기에 이르면 군주를 존경할 것이고, 다시 쇠퇴하더라도 그들을 두려워하지 않아도 된다.

그러나 군주의 명을 의도적으로 피하거나 꺼리는 사람이 있다면, 그는 야욕이 있어 군주보다 자신의 이익을 먼저 생각하는 게 분명하다. 이러한 자들은 군주가 쇠락하면 배신하고 파멸을 조장할 것이기 때문에, 반드시 경계해야 하며 공개적인 적으로 생각해야 한다.

새 군주가 덕이 높다고 알려지면
기존 군주보다 더 신뢰를 받는다

새로운 군주도 어떻게 하는가에 따라 왕위를 계승받은 것처럼 여겨지기도 하고, 빠른 기간 안에 기존의 군주보다 더 확고하고 안정적일 수도 있다.

그 이유는 새로운 군주의 행동은 세습 군주보다 훨씬 더 눈여겨보고 면밀히 감시하기 때문이다.

새 군주가 덕이 높다고 알려지면 유서 깊은 혈통의 군주보다 훨씬 많은 신뢰와 사랑을 받고, 국민들은 더 큰 은혜를 입고 있다고 느끼게 된다. 사람은 과거의 일보다 현재의 일에 관심이 더 많고, 현재의 행복을 찾으면 그것을 즐기면서 다른 것을 찾지 않기 때문이다.

국민들은 군주에게 다른 문제가 없는 한 새로운 군주를 지키기 위해 무엇이든 할 것이다.

　따라서 새로운 나라를 세우고 훌륭한 법률과 군대, 동맹국과 모범을 갖추어 나라를 튼튼히 한다면 두 배의 영광이 돌아갈 것이다. 반대로 세습 군주가 신중하지 못하고 능력이 부족해 왕위를 잃는다면 이중의 수치를 당할 것이다.

군주가 국민들의 호의와 사랑을
받는 것은 너무나도 중요하다

국민의 지지로 군주가 된 자는 그들의 호의를 잃지 않기 위해 노력해야 한다. 국민은 군주에게 단지 자신들을 억압하지 말라고 부탁하기 때문에 이러한 일은 왕에게 쉬운 것이다.

그러나 국민의 뜻을 거슬러 귀족들의 지지로 왕이 된 자는 무엇보다 먼저 국민의 호의를 얻기 위해 노력해야 한다.

이는 국민들을 자신의 보호 아래 두기만 하면 쉽게 이루어진다. 예를 들어 사람이란 부당한 대우를 받다가 혜택을 받으면 그 은인에게 충성을 다하는 법이다. 따라서 국민들은 자신들의 지지로 군주가 된 경우보다 그런 사람에게 더 마음이 간다.

군주는 다양한 방법으로 국민들의 마음을 사로잡을 수 있는데, 각각의 특징에 따라 다르기 때문에 정해진 방법은 없다.

　　결론적으로 말하면 군주가 국민들의 호의와 사랑을 받는 것은 매우 중요하다. 그렇지 않으면 어려움에 처했을 때 아무런 지지도 받지 못할 것이다.

평화기가 아닌 난세에도
국민들의 성원을 얻을 수 있어야 한다

"국민에 의지하는 것은 모래 위에 집을 짓는 것과 같다"는 진부한 격언을 인용해 내 의견에 반대하지 않기를 바란다. 그러나 일개 시민에서 왕이 된 자가 적이나 귀족의 위협에서 국민들이 자신을 구원해줄 것이라고 믿으며, 그들을 신뢰할 때는 이 말이 진실일 수 있다. 이러한 경우 그는 국민들에게 속았다는 것을 알게 될 것이다.

하지만 군주가 통치하는 국민을 믿고 적에게 기가 꺾이지 않으며, 적절한 준비를 게을리 하지 않으면서 솔선수범으로 모두에게 활기를 불어넣는다면, 국민들은 군주를 배신하지 않을 것이며 국가의 기반도 확고히 다질 수 있다.

군주는 시민정치에서 전제정치로 전환할 때 커다란 위기를 맞게 된다. 군주는 직접적이거나 간접적으로 집정관들을 통해 명령을 내리는데, 집정관을 두는 경우 군주의 지위는 더욱 불안하고 위태롭다.

군주가 집정관에 임명된 시민들의 의사에 좌우되고, 특히 집정관들은 위기시에 공개적으로 반대하거나 불복종함으로써 쉽게 권력을 빼앗을 수 있기 때문이다. 그리고 위험이 닥쳤을 때는 이미 절대 권력을 행사할 수 없게 되고, 집정관들의 명령에 익숙해진 국민들도 위태로운 상황에서는 왕에게 복종하지 않을 것이다.

따라서 군주가 신뢰할 수 있는 사람은 거의 없을 것이다. 군주는 평화로운 시기에 통치를 원하던 시민들의 반응에 의존할 수 없다. 그때는 모두가 그의 명령에 뛰어다니며 맹세를 하고, 죽음은 먼 나라 이야기이기 때문에 목숨을 바칠 각오가 되어 있다.

군주는 역경을 극복함으로써 더욱 위대해진다

하지만 상황이 달라져 정부가 국민을 원할 때가 되면 왕 옆
에 남는 사람은 거의 없을 것이다. 또 이런 일은 한번 일어나면
그것으로 끝이기 때문에 더욱 위험하다. 따라서 지혜로운 군주
는 어떤 상황에서든지 국민들의 성원과 충성을 얻을 수 있도록
끊임없이 노력해야 한다.

군주는 적인지 친구인지
입장을 분명히 하고 전쟁에 임해야 한다

　군주는 자신이 진정한 친구인지 적인지 밝힐 때, 즉 결과에 상관없이 다른 사람에 대한 입장을 분명히 할 때 비로소 인정받는다. 이렇게 하면 중립을 지키는 것보다 그에게 이익이 될 것이다. 그 이유는 이웃한 두 세력이 싸울 경우, 한쪽이 승리하면 군주는 승리자를 두려워할 이유가 없어지기 때문이다.

　두 경우 모두 군주는 자신의 입장을 분명히 하고 정당하게 전쟁에 임하는 것이 좋다. 그렇게 하지 않을 경우 승리자의 희생양으로 전락해서 패배자에게 기쁨과 만족을 줄 것이며, 양쪽 어디에도 보호나 지원을 요청할 수 없기 때문이다.

　승리자는 시련이 닥쳤을 때 그의 곁을 떠날 것 같은 친구를 원하지 않으며, 패배자는 칼을 잡고 자신과 운명을 같이 하기를 거절한 것에 대해 용서하지 않을 것이다.

다른 나라를 공격하기 위해
자신보다 강한 나라와 손잡지 마라

우방이 아닌 나라가 군주에게 중립을 요구할 때 우방국은 무기를 들고 자신들을 위해 참전할 것을 요구하는 상황이 언제나 발생한다. 우유부단한 군주는 즉각적인 위험을 피하기 위해 일반적으로 중립된 입장을 취하지만, 결국 파멸하고 만다.

하지만 용감하게 한쪽의 지지를 선언해 승리를 거두었을 때 군주는 승전국이 강해 그들의 뜻을 따라야 할 경우에도 그들은 의무감으로라도 호의를 베풀려고 한다. 인간은 이런 상황에서 도움을 준 사람에게 은혜도 모르고 공격할 만큼 야비하지는 않다.

전쟁에서 이겼다고 해서 승리자가 정의를 무시할 만큼 완전한 승리는 없다. 그러나 군주가 지지한 편이 패했을 때 그들은 이후에 우호적이 될 것이고, 가능하면 도움을 주려고 할 것이

다. 따라서 상황이 나아졌을 때 두 나라는 운명의 동반자가 될
수 있다.

전쟁에서 어느 쪽이 승리해도 두려워할 필요가 없을 때는 군주가
한 나라를 지지하는 데 더욱 신중해야 한다. 그렇게 한쪽을 돕는 것
이 현명하다고 판단하면 구할 수도 있는 반대쪽을 멸망시키기 때문
이다. 지원을 받은 편이 적국을 물리쳤다고 하더라도 도움 없이는 승
리할 수 없었기 때문에 군주를 따르게 된다.

주의할 것은 군주는 어쩔 수 없는 경우가 아니라면 다른 나라를
공격하기 위해 자신보다 강한 나라와 손잡는 일은 피해야 한다. 연
합한 강대국이 승리한다면 군주를 자기 마음대로 하려고 할 것이므
로 가능하면 그런 상황을 피해야 한다.

Niccolo Machiavelli

3

권력을 유지하려면
확고한 기반을 마련하라

군주는 무장한 군대 없이 존재할 수 없다는 사실을 명심하라

어떤 군주들은 국가를 좀더 안전하게 지키기 위해 국민들을 무장해제시키고, 또 어떤 군주들은 자신의 영토를 여러 파벌로 나누거나 의도적으로 상호 간에 반감을 불러일으켰다. 반면에 또 다른 군주들은 통치 초기에 적개심을 가졌던 자들의 호의를 얻으려고 애썼다. 몇몇 군주들은 요새를 지었고, 몇몇 군주들은 기존의 요새를 허물었다.

이런 과정을 거친 국가들의 특별한 상황을 살펴보지 않고 서로 다른 전개 방식에 대해 정확하게 판단하는 것이 불가능하지만, 일반적인 방법으로 이 문제를 다루려고 한다.

새 군주가 자국민들의 무장을 해제하는 일은 이제껏 발생하지 않았다. 오히려 그들이 무장하지 않는 것을 보면 그들을 무장시키고 이 방법으로 그들을 자신의 것으로 만들었으며, 이전

에 의심스러웠던 자들을 충성하게 만들었다. 처음부터 충성했
던 자들은 계속 그러할 것이므로 군주는 신하들을 자신의 열성
적 지지자로 만들 수 있다.

비록 군주가 자신의 국민을 모두 무장시킬 수는 없지만 무
장시킨 자들에게 특정한 혜택을 줌으로써 다른 자들로부터 안
전할 수 있다. 군주가 무장시킨 자들에게 호의를 보이면 그들
은 그에 대해 의무감을 가지며, 더 큰 위험을 안고 어려운 임무
를 맡은 사람들에게 보상이 필요하다고 생각할 것이다.

그러나 국민들을 무장해제시킨 군주는 그들을 신뢰하지 못
하고 비겁하거나 충성심이 부족하다고 의심한다는 사실을 보
여줌으로써 화를 돋울 것이다. 그리고 이런 일들로 그들은 군
주를 증오할 것이다. 군주는 무장한 군대 없이 존재할 수 없기

때문에 용병에 의지해야 한다.

이것은 바람직하지 않다. 이런 용병들이 훌륭하더라도 강력한 적과 의심에 찬 국민들로부터 군주 자신을 지키기에는 충분하지 않다. 앞에서 말한 것처럼 새 군주는 항상 새롭게 세운 나라에서 군대를 갖추어야 한다. 이러한 전례는 역사상 매우 많다.

그러나 군주가 새로운 국가를 획득하고 예전 영토에 귀속시켜 통합할 경우, 그 당시에 자기 편을 제외한 새로운 지역의 주민들을 무장해제하는 것이 바람직하다. 단, 그들도 기회가 있을 때 약화 또는 무력화시키는 것이 군주에게 이롭다. 따라서 그의 군대는 모두 기존 영토 출신의 국민들로 구성해야만 한다.

용병으로 나라를 지킨다면
안정되거나 안전하지 못하다

군주가 권력을 유지하기 위해 확고한 기반을 마련하는 것이 얼마나 중요한지는 이미 앞에서 언급했다. 이런 준비가 없다면 그는 반드시 파멸할 것이다.

신생 국가든, 장수 국가든, 복합 국가든 간에 모든 나라가 갖추어야 할 기초는 훌륭한 법률과 군대다. 좋은 군대 없이 좋은 법이 있을 수 없고, 좋은 군대가 있어야 훌륭한 법률도 존재할 수 있다. 나는 여기서 법률의 문제는 제쳐두고 군대에 관해서만 말하겠다.

국가를 지키는 군대는 군주의 소유이거나 용병 또는 지원군이거나 혼성군이다. 용병이나 지원군은 모두 무익하고 위험해서 용병으로 나라를 지킨다면 안정되거나 안전하지 못하다. 그들은 단결되지 못하고 야욕이 있으며, 기강이 해이하기 때문이다.

용병들은 동료끼리라도 신의가 없고 허풍이 심하며, 적 앞에
서는 겁쟁이가 된다. 또 신을 두려워하지도 않고, 사람에 대한
믿음도 없다. 따라서 그들에게 의지하는 군주는 공격이 지연될
동안만 파멸을 면할 뿐, 평화시에는 지원군에게 약탈당하고,
전시에는 적에게 약탈당할 것이다.

이 모든 원인은 용병들이 수당을 제외하고는 감정이나 어떤
명분에도 영향을 받지 않기 때문인데, 그 수당도 목숨을 바칠
정도로 충분하지는 않다. 그들은 군주가 평화를 유지하는 동
안에만 군인으로서 봉사할 준비가 되어 있다. 전쟁이 발발하면
그들은 도망치거나 사라질 것이다.

용병들은 비겁해서 위험하고,
원병들은 만용 탓에 위험하다

승리를 원하지 않는 자라면 원병에게 도움을 청하라. 그들은 용병들보다 더욱 위험하기 때문이다. 자신의 수장에게 복종하고 단결하는 원병과 함께라면 군주의 파멸은 자명하다. 반면에 용병들은 승리 후에도 군주에게 해를 끼치려면 더 많은 시간과 기회가 필요하다.

그들은 하나의 동일한 집단이 아니며, 군주가 선택해 대가를 지불한 뒤 직접 임명한 지휘관이 군주를 해칠 정도의 군에 대한 영향력을 빨리 키울 수 없기 때문이다. 즉 용병들은 비겁하고 신뢰할 수 없어 위험에 빠지는 반면, 원병들은 과도한 용기로 위험을 초래한다.

자신의 욕구를 좇지 말고
오직 나라의 힘을 키워야 한다

　군주는 군사 전술과 조직 훈련 같은 연구 외에 다른 의도나 목적을 가져서는 안 된다. 명령을 내리는 군주에게 요구하는 기술은 이것뿐이기 때문이다. 이러한 힘은 왕위를 물려받은 군주의 지위를 유지시켜줄 뿐만 아니라, 때로는 평민 출신이 군주가 될 수 있게 만들어주기도 한다.

　나라의 힘을 키우는 일보다 자신의 욕구만을 좇는 왕이 결국에는 나라를 잃어버리는 예도 심심찮게 있다. 따라서 전술을 소홀히 하는 것은 나라를 잃는 주된 원인이 되는 반면, 효율적인 전술은 종종 한 나라를 차지할 수 있게 한다.

적절한 군사력을 갖추지 못한 군주는 멸시를 받을 수 있다

적절한 군사력을 갖추지 못한 군주에게 닥칠 또 다른 재앙은 멸시를 받는 일이다. 앞으로 언급하겠지만, 이것은 군주가 특히 조심해야 할 불명예 중 하나다.

군사력을 갖춘 자와 그렇지 못한 자는 비교할 수 없으며, 군사력이 있는 자가 자발적으로 그렇지 못한 자에게 복종한다거나, 군대를 거느리지 못한 군주가 군사력을 갖춘 신하들 사이에서 안전을 유지한다는 것은 있을 수 없는 일이다. 한쪽은 경멸하고, 다른 한쪽은 불신하기 때문에 협동한다는 것은 불가능하다.

군사 전술에 정통하지 못한 군주는 결코 존중받지 못한다

군사 전술에 정통하지 못한 군주는 다른 역경보다도 자신의 병사들에게 존중받지 못하고 그들에게 의지할 수 없다. 따라서 군주는 군사 훈련을 가장 우선시해야 한다. 그는 실제 전쟁에서만이 아니라 평화시에도 이를 연구해야 한다.

여기에는 두 가지 방법이 있는데 하나는 실제 훈련이고, 다른 하나는 과학적 연구이다. 전자의 경우 군주는 병사들을 잘 훈련시키는 것뿐만 아니라 자주 사냥에 나서야 한다. 고된 일에 익숙해지고 국토의 지형에 친숙해져 산세와 계곡의 모양, 평야의 형태를 익힐 수 있고, 강과 늪의 특징을 알게 될 것이다. 군주는 이 모든 것에 관심을 기울여야 한다. 이런 지식들은 여러 방면에서 군주에게 중요하기 때문이다.

자신의 국토를 잘 알아야
국가 방위를 더욱 잘 이해할 수 있다

군주가 자신의 국토를 잘 알면 국가 방위를 더욱 잘 이해할 수 있다. 국토에 익숙해지면서 얻은 실질적인 지식으로 반드시 파악해야 하는 다른 나라의 지형도 쉽게 이해할 수 있다. 예를 들어 토스카나 지방의 산, 계곡, 평야, 강, 늪은 다른 지방과 유사한 점이 있어 한 지역의 특징과 형태를 알면 이미 다른 지역에 대해서도 파악할 수 있다.

이런 지식이 결여된 군주는 지휘관이 가져야 할 첫 번째 필수 요건을 갖추지 못한 것이다. 그 이유는 군주가 이러한 지식들로 적을 찾는 법, 몸을 숨기는 법, 군대를 지휘하는 법, 행군을 하고 전투 명령을 내리는 법, 또 지형을 이용하는 법 등을 알 수 있기 때문이다.

도시를 요새화하고 국민에 기반을 두면 쉽게 공격받지 않는다

군주가 필요시에 자신을 지킬 수 있을 만큼 충분히 강한지, 또는 방어를 위해 다른 사람들에게 항상 의지해야 하는지는 매우 중요하다.

어떤 군주는 풍부한 인력과 자금으로 잘 정비된 군대를 전장에 내보내 공격해오는 어떠한 적이라도 막을 수 있다.

그러나 전쟁에서 적에 대항해 싸우지 못하고 다른 사람의 도움이 필요한 군주는 성벽 뒤로 피신해 계속 숨어 있어야만 한다. 후자의 경우 군주는 도시의 방어를 강화하고 필요한 물자를 충분히 조달하며, 외곽의 영토에는 크게 신경 쓰지 말라는 것 외에 할 말이 없다.

자신이 살고 있는 도시를 완전히 요새화하고 국민들에 확고

한 기반을 둔 군주는, 앞에서 말한 것처럼 쉽게 공격받지 않을
것이다. 사람들은 분명 위험한 모험에는 연관되려고 하지 않으
며, 요새화된 도시에 살면서 국민들의 미움을 받지 않는 왕을
공격하는 것은 쉽지 않기 때문이다.

약한 당파는 외부의 적과 결탁하므로 함락되기 쉽다

우리의 조상이나 현명했던 사람들은 "피스토야를 지킬 수 있었던 근원은 파벌 싸움이었고, 피사는 요새에 의해 가능했다"고 말한다. 이에 따라 그 지역을 보다 쉽게 유지하기 위해 파벌에 속한 몇몇 마을들을 부추겼다.

이는 이탈리아 내의 다른 세력들이 어느 정도 균형을 이루고 있을 당시에는 좋은 방법이었는지도 모른다. 그러나 의도적으로 만들어진 분열이 좋은 결과만을 가져온다고 볼 수 없기 때문에, 오늘날 이러한 교훈을 적용하기는 어렵다고 생각한다.

오히려 반대로 적이 쳐들어왔을 때 분열된 도시는 함락되기 쉽다. 약한 당파는 외부의 적과 결탁하므로 나머지 사람들은 자신을 지키는 것이 어렵기 때문이다.

권력을 유지하려면 확고한 기반을 마련하라

강력한 외부 세력을 경계하지 않으면
큰 어려움을 겪는다

강력한 외부 세력이 한 지역에 들어오면 약소국들은 자신들을 지배했던 군주에 대한 반감으로 침입자를 지지한다. 그들은 새로운 상황에 협조적으로 변하기 때문에 새 군주는 약소국들을 쉽사리 손에 넣는다. 그는 약소국들의 호의와 자신의 힘으로 강력한 세력들을 굴복시킬 수 있다.

단, 그들이 큰 권력을 잡지 못하도록 주의해야 한다. 이로써 새 군주는 그 지역의 유일한 통치자가 되는 것이다. 이와 달리 이를 경계하지 않은 자는 곧 가진 것을 잃거나, 유지하더라도 수많은 어려움과 고통을 겪게 된다.

작은 이웃 권력들의 수장이자 보호자가 되어야 한다

자신의 국가와 다른 나라를 통치하려는 군주는 작은 이웃 세력들의 수장이자 보호자가 되어야 한다. 그는 그 중에서 가장 세력이 강한 자의 힘을 약화시키고, 자신과 권력이 대등한 외부 세력이 그 지역에 들어오지 못하도록 경계해야 한다. 불필요한 야망이나 두려움으로 불만을 가진 세력들이 외부인을 끌어들일 수 있기 때문이다.

국가를 발전시키려고 노력하는 사람들에게 대가를 제공하라

군주는 자신이 미덕을 사랑한다는 것을 보여주고 예술에 뛰어난 사람들을 존중하며, 국민들이 자신의 직업이 무엇이든 간에 묵묵히 전념할 수 있게 독려해야 한다.

이렇게 해서 그들이 약탈의 우려 때문에 재산을 불리는 것을 단념하거나 세금 걱정 때문에 상거래를 그만두는 일이 없도록 해야 한다.

군주는 이런 일을 하려는 사람들과 도시나 국가를 발전시키기 위해 노력하는 사람들에게 대가를 제공해야 한다. 이외에도 적절한 시기에 축제를 열거나 볼거리를 마련해 국민들을 즐겁게 해줘야 한다.

그리고 도시는 직업 조합과 계층으로 나뉘어 있기 때문에 군

주는 이들을 고려하고, 때때로 모임에 참석해 온화함과 관대함
의 모범을 보여야 한다. 하지만 언제나 품위 있게 위엄을 갖추
어야 하며 어떤 상황에서도 이것이 부족해서는 안 된다.

Niccolo Machiavelli

4

부하와의 거리는
너무 멀거나 가까워선
안 된다

신하들이 비밀리에 음모를 꾸미지 않도록 군주는 경계해야 한다

신하들의 사적인 문제에 대해 판단할 때 군주는 결정을 번복하지 않음으로써, 아무도 그를 속이거나 배신할 생각조차 할 수 없다는 평판을 얻어 권력을 유지할 수 있다. 일상적인 행동으로 이러한 여론을 형성한 군주는 막강한 명성을 얻으며, 실제로 훌륭하고 신하들의 존경까지 받는다면 모반하거나 공격하기 힘들다.

군주가 두려워해야 할 것은 두 가지가 있다. 하나는 자신의 신하들로부터 도전을 받는 것과 다른 하나는 강력한 외세의 공격을 받는 것이다. 후자의 경우 그는 훌륭한 군대와 동맹국의 도움으로 방어할 수 있으며, 둘 중 한 가지를 갖추고 있으면 다른 것은 따라오게 된다. 또한 대외문제가 발생하지 않는 한 국내 안보는 음모가 없다면 동요하지 않을 것이다.

만일 군주가 공격을 받더라도 잘 조직된 군대를 보유하고 제대로 다스려왔다면 어떠한 공격도 견딜 수 있다(자신이 항복하지 않는 한). 따라서 군주는 대외적으로 평화로울 때도 자신의 신하들이 비밀리에 음모를 꾸미지 않도록 경계해야 한다.

군주는 미움과 경멸을 받지 않고 신하들을 만족시킬 때 이런 사태로부터 안전할 수 있다. 이는 앞서 설명한 것처럼 언제나 그의 목표가 되어야 한다. 많은 사람들에게 미움을 사거나 멸시받지 않는 것이 군주가 음모에 대항할 수 있는 가장 좋은 예방수단 중 하나다. 음모자들은 군주의 죽음이 국민을 기쁘게 할 것이라고 생각하기 때문이다.

그러나 그것이 오히려 국민들을 달래기는커녕 성나게 한다는 것을 안다면 그들은 이런 방법으로 모험하지 않을 것이다. 그 이유는 음모자들에게 난관이 무수히 많기 때문이다.

   많은 음모들이 있었지만 이제껏 성공한 경우는 거의 없었다. 음모를 꾀한 자는 혼자 행동하기 어렵고, 불만을 가진 사람을 제외하고는 공모자로 만드는 것도 어렵기 때문이다. 그리고 군주가 불만을 가진 자에게 계획을 털어놓으면 그가 만족할 수 있는 수단을 제공하는 것이다.

   그가 군주를 비난함으로써 많은 이득이 있기를 바라고, 한편으로는 의심과 위험이 있다는 것을 알면서도 이런 방법이 이로울 것이라고 생각한다. 이런 사람이 신의를 지키고 배신하지 않는다면 정말 드물게 절친한 친구가 되거나, 그렇지 않으면 철천지원수가 된다.

군주의 위엄에 국민들의 선의가 더해지면
음모는 발붙일 수 없다

음모자에게는 공포·질투·처벌의 두려움이 있는 반면, 군주에게는 왕권의 위엄·법·친구와 정부의 지원이 있어 보호를 받는다. 그리고 이 모든 것에 국민들의 선의가 더해지면 누구도 경솔하게 음모를 꾸미지 못할 것이다.

일반적으로 음모를 꾸민 자는 악행을 하기 전에 두려움을 느끼지만, 국민들을 적으로 삼게 되므로 죄를 짓고 나서도 결과를 두려워하며 은신처를 찾을 수 없다.

책임이 따르는 문제는 위임하고,
은혜를 베푸는 일은 직접 맡아라

군주는 책임이 따르는 문제는 다른 사람에게 맡겨야 하고, 은혜를 베푸는 일만 자신이 맡아야 한다. 다시 말하건대 군주는 귀족들을 존중하고 배려해야 하지만, 그 때문에 국민들에게 미움을 사서는 안 된다.

선행도 증오를
불러일으킬 수 있다는 사실을 알자

악행뿐만 아니라 선행도 증오를 불러일으킬 수 있기 때문에 권력을 유지하려는 군주는 종종 선하게 행동하지 말아야 한다. 자신을 지지해야 하는 병사나 귀족들이 부패하면 군주는 그들을 만족시켜야 하기 때문이다. 이런 상황에서 선행은 군주에게 해가 될 뿐이다.

곁에서 자신을 섬기는 신하들이
크게 화나지 않도록 조심하라

죽음을 경시하는 자는 언제나 남을 죽일 수도 있는데, 단호하고 확고하게 이루어진 암살은 군주도 피할 수 없다.

이런 사람들은 드물기 때문에 너무 걱정할 필요는 없다. 그러나 군주는 곁에서 자신을 섬기고 정치를 돕는 신하들이 크게 화나지 않도록 조심해야 한다.

군주의 측근에 있는 사람들을 보면 군주의 능력을 알 수 있다

신료를 뽑는 일은 군주에게 매우 중요한 일이다. 신료는 군주가 현명한지 아닌지에 따라 좋아지기도 하고 나빠지기도 한다. 따라서 군주의 측근에 있는 사람들을 보면 그의 능력을 알 수 있다.

만일 각료들과 고문들이 유능하고 성실하다면, 군주가 그들의 능력을 가려내고 충성심을 유지시키기 때문에 현명하다는 평을 들을 것이다. 그러나 반대의 경우라면 군주의 첫 번째 선택에서 판단력이 결여됐기 때문에 평가는 좋지 못할 것이다.

신하의 충성심을 유지하기 위해
은혜를 베풀어 묶어두어야 한다

군주가 신료들을 잘 알아보기 위한 가장 좋은 방법은 다음과 같다. 신료가 군주보다 자신을 먼저 생각하고 하는 일마다 나라보다 자신의 이익을 추구한다면, 그 자는 절대로 좋은 신하가 될 수 없고 신뢰할 수도 없다.

직접 나라를 다스리는 자는 자신이 아니라 군주만을 생각해야 하고, 정부의 이익에 관련된 것이 아니라면 관심을 가져서는 안 되기 때문이다.

한편 군주는 신하의 충성심을 유지하기 위해 배려하고 은혜를 베풀어 곁에 묶어두어야 한다. 그리고 그에게 부와 명예는 물론 책임을 주어야 한다.

그래서 하사받은 많은 부와 명예 때문에 다른 곳에서 이를 추구하지 못하게 하고, 책임감으로 변화를 두려워하며, 군주가 없이는 이 모든 것이 유지될 수 없음을 알게 해야 한다.

군주와 대신의 관계가 이렇게 자리를 잡으면 서로를 신뢰할 수 있지만, 반대의 경우라면 그들 중 한쪽이 잘못될 것임이 분명하다.

현명한 일부 신하에게만
진실을 말할 수 있는 전권을 부여하라

군주가 신중하지 못하거나 신료들을 제대로 선택하지 못하면 권력을 유지하기 어렵다. 이는 모든 왕실에 가득 찬 아첨꾼들 때문이다.

사람은 보통 자기 자신과 자신의 행동에 쉽게 만족하고, 그런 점에 현혹되기 때문에 아첨꾼들에게서 벗어나기는 힘들다. 그리고 그들을 피하려고 노력하다가 미움을 살 수도 있다. 따라서 진실을 말해도 화내지 않는다는 것을 주위에 보여주는 것밖에 아부를 피할 수 있는 방법은 없다.

그런데 모두가 군주에게 자유롭게 진실을 말하면 그에 대한 존경심이 사라질 것이다. 따라서 신중한 군주는 중도를 지키며 신료 중 현명한 사람만을 골라 자신에게 진실을 말할 수 있는 전권을 주되, 다른 것은 제외하고 군주가 묻는 것만 대답하게 해야 한다. 군주는 모든 것을 물어보고 그들의 의견을 들은 후에 심사숙고해 스스로 결정을 내려야 한다.

군주는 자신의 조언자들이 자유롭게 말할수록 더욱 잘 받아들여진다는 사실을 알 수 있도록 처신해야 한다. 또 이들 외에는 다른 사람들의 말을 듣지 말고 합의된 대로 실행하며, 자신의 결심을 확고히 해야 한다. 이와 반대로 행동하는 자는 누구든지 아첨꾼들에게 오도되거나 다양한 의견 때문에 결정을 바꿔서 평판이 나빠지게 된다.

군주가 너무 많은 사람들에게 조언을 구하는 것은 위험하다

군주는 언제나 조언을 들어야 하지만 남들이 쏟아내고 싶을 때가 아니라, 자신이 원할 때만 그렇게 해야 한다. 실제로 그가 원하지 않는 조언을 하려는 사람들을 단념시켜야만 한다.

군주는 폭넓게 질문하고 요구한 문제의 답은 끈기 있게 경청하며, 누군가 어떤 이유로 진실을 말하지 않을 경우에는 화도 낼 줄 알아야 한다.

군주가 현명하다는 평을 듣는 경우 자신의 타고난 자질이 아니라 측근들의 훌륭한 조언 덕분이라고 생각한다면, 이것은 오해다. 그 이유는 군주가 모든 문제를 비상한 능력을 가진 한 신료에게만 의지하지 않는 한, 일반적으로 어리석은 군주는 조언을 잘 받아들이지 않는다고 생각하기 때문이다.

훌륭한 조언자를 만난다면 군주는 도움을 많이 받겠지만, 그가 곧 자신의 나라를 빼앗을 것이므로 오래가지는 못할 것이다. 그러나 현명하지 않은 군주가 많은 사람들에게 조언을 구한다면 다양한 의견과 제안들을 어떻게 조화시킬지 모르기 때문에 의견을 통합하기 어렵다. 조언자들은 각자의 이익만을 생각하므로 군주는 그것들을 구별하거나 수정하지도 못할 것이다.

사람은 어떤 필요성에 의해 선해져야 할 경우가 아니라면, 본래 악한 면을 가지고 있어 그 반대로 변하기는 힘들다. 따라서 좋은 조언은 어디서 나오든지 간에 모두 군주의 현명함에서 생겨나는 것이지, 군주의 지혜가 훌륭한 조언에서 나오는 것은 아니다.

군주는 종종 통치 초기에 불신했던 자들에게서 충성을 발견한다

군주는 종종 처음부터 믿음을 가지고 의지했던 자들보다 통치 초기에 불신했던 자들에게서 충성과 헌신을 발견하게 된다. 시에나의 군주인 판돌포 페트루치는 다른 신하들이 아니라 처음에 그를 의심했던 사람들의 도움으로 나라를 다스렸다.

그러나 군주는 이런 경우 환경의 영향을 받으므로 일반적인 법칙을 적용할 수 없다. 단지 집권 초기에 적대적이고 아직 자리를 잡지 못해 군주의 지지를 필요로 하던 자들은 쉽게 자신의 편으로 끌어올 수 있다.

그들이 호의를 보임으로써 군주가 초기에 가지고 있던 나쁜 인상을 없애는 것이 중요하기 때문에 더욱 충성을 다할 수밖에 없다. 따라서 군주는 안정 속에서 자만하며 본분을 게을리 하는 자들보다 이러한 사람들에게 더 큰 도움을 받는다.

부하와의 거리는 너무 멀거나 가까워선 안 된다

그리고 국민들의 지지로 나라를 세운 군주들에게 어떤 이유로 그들이 호의를 보였는지 잘 생각해보라고 당부하지 않을 수 없다. 만약 그것이 새 군주에 대한 자연스러운 애정이 아니라, 단지 기존 정부에 대한 불만 때문이라면 그들의 지지를 유지하는 데 많은 어려움을 겪을 것이다. 왜냐하면 군주가 그들의 기대를 충족시키기는 거의 불가능하기 때문이다.

고대 및 근대사가 보여준 사례들에서 그 이유를 면밀히 찾아보면, 기존 정부에 대한 불만으로 새로운 군주의 편이 되어 집권에 동조한 사람들보다, 기존 정부에 만족해서 그에게 적대적이었던 사람들의 마음을 사는 것이 훨씬 쉽다는 것을 알 수 있다.

신하들의 결속을 위해서라면
잔인하다는 평에 신경 쓰지 마라

군주는 신하들의 결속과 충성을 위해 잔인하다는 평에 신경 써서는 안 된다. 지나친 관대함으로 무질서해지고 약탈과 살인이 발생하는 것보다 때때로 엄격한 것이 더 자비롭게 보일 것이다. 왜냐하면 전자의 경우는 전체 사회에 피해를 주지만, 군주의 엄한 행동은 몇몇 개인들에게만 해를 미치기 때문이다.

그리고 무엇보다 새 군주의 국가는 위험에 많이 노출돼 있기 때문에 그 과정에서 잔인하다는 평을 면하기 어렵다.

Niccolo Machiavelli

5

운이나 운명이 아닌
자신의 힘과 용기를
믿어라

행운에 의지하지 말고
큰 용기로 자신의 자리를 지켜라

완전히 새로운 국가의 새 군주는 자신의 용기와 능력으로
자리를 지키는 데 다소 어려움을 겪을 것이다. 일개 평민이 군주
가 되려면 큰 용기를 갖춰야 하고, 때로는 행운도 따라야 한다.

용기와 행운, 이 두 가지 조건 중 하나는 많은 역경을 어느 정
도 덜어줄 것이다. 하지만 운에 의지하지 않는 군주가 권력을
유지할 수 있다. 국가를 가지고 있지 않아 새롭게 획득한 나라
에 살아야 하는 군주에게 이는 더욱 쉬운 일이다

운이나 운명이 아닌 자신의 힘과 용기를 믿어라

다른 사람의 도움이 아닌
스스로의 힘으로 지켜내라

오랫동안 지켜왔던 자신의 영토를 잃어버린 군주는 운명을 탓할 게 아니라, 자신의 나태함과 무능함을 탓해야 한다.

그 이유는 평화로울 때는 변화의 가능성을 생각하지 않다가 (맑은 날씨에 폭풍을 생각하지 않는 것이 인간의 본성이지만), 결국 위험이 닥치면 대항할 생각은 안 하고 먼저 달아나려고 하며, 국민이 오만한 승리자에 질려서 자신을 불러주기만 바란다.

이런 방법은 다른 대책이 없을 경우 효과적이지만, 파멸에서 구해줄 수 있는 다른 대책을 고려하지 않는 것은 매우 어리석은 일이다. 이것은 다른 사람이 일으켜줄 것이라는 생각에 의도적으로 넘어지는 사람과 마찬가지다.

만일 그런 일이 있더라도 군주는 방어하기 위해 자신의 힘이

아니라 남에게 의지했기 때문에 그의 안전을 보장받지 못할 것
이다. 자신의 힘과 용기로 지켜내는 방법만이 효과적이고 확실
하며 오래간다.

운명에 전적으로 의지하는 군주는
운이 달라지면 멸망한다

이 세상 일들이 인간의 지혜와 통찰력으로 바꿀 수 없는 운명과 신의 뜻에 따라 움직인다고 많은 사람들이 말해왔으며, 지금도 그런 견해를 가지고 있다는 것을 잘 알고 있다.

실제로 운이 다해가는 것을 막을 방책은 없으며, 애쓸 필요도 없고, 무조건 운명에 맡겨야 한다는 생각까지도 한다. 큰 변화가 아직도 매일 발생하고 있고 인간의 예상을 모두 빗나갔기 때문에 이런 생각은 오늘날 일반적으로 받아들여지고 있다.

나 자신도 이 문제를 종종 생각해보면 어느 정도 믿게 된다. 그럼에도 불구하고 우리의 자유의지가 완전히 사라지지 않는 한 운명은 우리 행동의 절반 정도를 좌우할 뿐, 나머지 절반이나 더 작은 부분은 우리에게 달려 있다고 생각한다.

운이나 운명이 아닌 자신의 힘과 용기를 믿어라

나는 이것을 불어난 강물에 비유하려고 한다. 격노한 물줄기
가 평야를 덮치고 나무와 건물을 파괴하고 흙을 쓸어가서 다른
곳으로 옮겨놓는다. 모두들 이 격류 앞에서는 대항하지 못하고
도망치거나 두 손을 들고 만다.

그러나 사람들은 강이 잠잠할 때 둑이나 제방을 쌓아서 홍
수가 발생하면 정해진 운하로 물길을 돌리거나 어느 정도 격류
를 막아 그 위력을 억제할 수 있다. 운명도 이와 같아서 둑이나
제방처럼 그에 대항할 조직적인 힘이 없는 곳에 물이 범람해 위
력을 발휘한다.

변화가 진행 중이며 자주 일어나는 이탈리아를 살펴보면 홍
수에 대비한 제방이나 다른 방재 시설이 없는 들판과 마찬가지
란 것을 알 수 있다. 만약 독일·스페인·프랑스처럼 적절한 용

기와 지혜로 지킬 수 있었다면, 이탈리아는 큰 변화를 겪지 않았을 것이고, 변할 수도 없었을 것이다.

　이로써 운명에 대항하는 것에 대한 일반적인 설명은 충분하다고 생각한다. 그러나 특정한 경우에는 군주가 품성이나 자질의 변화 없이 하루는 번성했다가 다음날에 파멸하는 것을 볼 수 있다. 이것은 앞에서 언급한 원인에서 주로 발생하는데, 즉 운명에 전적으로 의지하는 군주는 운이 달라지면 멸망하게 된다.

시대에 발맞춰 변하면
운명의 여신은 군주를 버리지 않는다

시대의 정신에 순응하는 군주는 번성하고, 반대로 시대의 정신에 역행하는 군주는 파멸할 것이다. 그 이유는 사람들이 추구하는 목표인 부와 영광을 달성하기 위해 다양한 방법을 동원해가고 있기 때문이다. 어떤 사람은 조심스럽게, 어떤 사람은 성급하게, 어떤 사람은 난폭하게, 어떤 사람은 교묘하게, 어떤 사람은 끈기 있게, 또 어떤 사람은 맹렬하게 각자의 방법으로 성공을 향해 나아가고 있다.

똑같이 신중하게 노력하는 두 사람 중에 한 사람은 성공하고, 다른 한 사람은 실패하는 것을 볼 수 있다. 그리고 신중한 사람과 성급한 사람이 완전히 다른 방법으로 똑같이 성공하는 경우도 볼 수 있다. 이것은 그들이 시대의 성격에 얼마나 맞췄느냐에 달려 있다.

　　따라서 앞에서 말한 것처럼 완전히 다르게 행동한 두 사람은 같은 결과를 얻고, 반면에 같은 방식으로 행동한 다른 두 사람 중에 한 명만이 목표를 이루게 된다. 이것은 성공의 차이를 발생시킨다. 조심스럽고 신중하게 행동한다면 시대와 환경의 도움을 받겠지만, 반대의 경우에 자신의 행동을 바꾸지 않는다면 파멸할 것이다.

　　이런 시대와 상황의 변화에 어떻게 대처해야 하는지 아는 사람은 거의 없다. 그 이유는 사람은 타고난 성향에서 벗어날 수 없으며, 한 가지 일에서 성공하면 쉽게 그만두려고 하지 않기 때문이다. 따라서 조심스러운 사람은 과감성이 필요할 때 어찌할 바를 몰라 실패하지만, 시대와 환경에 발맞춰 자신을 변화시킨다면 운명의 여신이 그를 버리지 않을 것이다.

완고하게 자신의 방식만 고수하는
군주는 결국 실패한다

운명은 변하는데, 완고하게 자신의 방식만 고수하는 사람은 운명과 일치할 때만 성공할 수 있다. 그리고 서로 다를 경우 그들은 실패한다.

하지만 대체로 성급한 것이 조심스러운 것보다 낫다고 생각한다. 운명의 신은 여성이므로 그녀를 정복하려면, 때리기도 하면서 거칠게 다뤄야 한다.

운명은 천천히 느긋하게 다가오는 사람들보다 성급하고 과격하게 대처하는 사람들에게 쉽게 길들여진다. 젊은이는 조심성이 적고 활기가 넘쳐 대담하게 운명을 지배하기 때문에 운명의 여신은 노인보다 젊은이를 더 좋아한다.

모든 의심과 불확실성에
맞서기 위해 결의를 다져야 한다

어느 나라나 완전히 안전한 방식을 선택할 수 있다고 전제하지 말아야 하며, 반대로 군주는 모든 의심과 불확실성에 맞서기 위해 결의를 다져야 한다.

그 이유는 간단하다. 어떤 위기를 모면하면 또 다른 위험에 빠지는 것이 세상 이치이기 때문이다. 따라서 신중한 태도로 이런 위험들을 가려내고, 선을 위해 최소한의 폐해를 수용해야 한다.

운명이 군주를 저버릴 때도
반격할 수 있도록 대비해야 한다

　무엇보다 군주는 자신이 본보기로 선택한 위인을 따라야 한다. 누군가를 특별히 칭송하고 영광스럽게 내세우면서 그의 행동과 업적을 마음에 새겨야 한다. 알렉산더 대왕은 아킬레스를, 카이사르는 알렉산더를, 스키피오는 키루스를 모방하려 했다고 전해진다. 크세노폰이 쓴 키루스의 일대기를 읽어보면, 스키피오의 일생에서 키루스를 모방한 것이 얼마나 큰 의미를 지녔는지 누구라도 알 수 있다. 또한 스키피오의 인내·온화함·인간애·관대함이 크세노폰이 묘사한 키루스와 얼마나 일치하는지도 알 수 있다.

　따라서 현명한 군주는 이러한 방식으로 행동하고, 평화로울 때도 나태해서는 안 되며, 위기 상황에서도 이겨낼 수 있도록 힘을 모아야 한다. 그렇게 해서 운명이 그를 저버릴 때도 반격할 수 있도록 대비해야 한다.

운이나 운명이 아닌 자신의 힘과 용기를 믿어라

군주는 자신의 행동이 대범하다는 것을 보여주어야 한다

군주는 증오나 경멸을 사는 행동을 피하기 위해 노력해야 한다. 이것을 피할수록 자신의 임무를 잘 수행할 수 있으며, 다른 악덕의 위험도 두려워할 필요가 없다.

무엇보다 군주는 신하들의 재산과 아녀자들을 강탈하면 미움을 사게 되므로 조심하고 삼가야 한다. 군주가 재산이나 명예를 빼앗지 않는다면 대부분의 사람들은 조용히 만족하고 살 것이다. 따라서 군주는 몇 사람의 야심에 맞서기만 하면 되는데, 이들은 다양한 방법으로 쉽게 억누를 수 있다.

군주는 변덕스럽고, 나약하고, 소심하고, 우유부단하게 보일 때 멸시를 받는다. 따라서 그는 위험한 암초를 주의하듯이 이것을 경계하고, 자신의 행동이 대범하고 용감하며, 진지하고 과감하다는 것을 보여주도록 노력해야 한다.

운이나 운명이 아닌 자신의 힘과 용기를 믿어라

위인의 발자취를 따르고 모방해
조금이나마 닮아가야 한다

사람은 언제나 다른 이의 발자취를 따르고 모방한다. 하지만 이렇게 한다고 해서 모두가 능력을 얻을 수 있는 것은 아니다. 현명한 자는 항상 위인의 발자취를 따르고 그들을 모방한다. 비록 자신의 장점이 그들과 대등하지 않더라도 그 위대함을 조금이나마 닮을 수 있을 것이다.

목표물이 있을 때는 의도한 지점보다 높은 곳을 겨눠라

그는 출중한 궁수처럼 행동해야 한다. 목표물이 아주 멀리 있을 때 그는 의도한 지점보다 높은 곳을 겨눈다. 그렇게 해야 활이 멀리 날아가 목표물에 명중되기 때문이다.

현명한 통치자는 불안 요소를
미리 발견해 쉽게 제거한다

현명한 군주는 현재뿐만 아니라 미래의 문제도 신중하게 고려해야 한다. 멀리 있는 어려움을 미리 예측할 때 적절하게 대비할 수 있다.

그와 달리 무방비한 상태로 다가오기만을 기다리면 치료약이 없어 병을 고칠 수 없다. 소모성 질병은 진단을 받더라도 초기에 치료하기는 쉽지만, 발견하기가 어렵다. 또한 병이 진행됨에 따라 발견하기는 쉽지만, 치료하기가 어렵다.

국가를 통치하는 것도 이와 마찬가지다. 현명한 통치자는 불안 요소를 미리 발견해 쉽게 제거한다. 그와 달리 무능한 통치자는 아무런 예측도 하지 못해 모두에게 명백히 알려질 정도로 국난이 급박해져도 어찌할 도리가 없다.

운이나 운명이 아닌 자신의 힘과 용기를 믿어라

Niccolo Machiavelli

해제

조직관리와
리더십의 바이블,
『군주론』

그간 잘못 알고 있던
마키아벨리에 대한 오해에서 벗어나라

베토벤의 '월광소나타'는 잘 알려져 있다. 적지 않은 사람들이 이 곡에 얽힌 에피소드까지 기억하지만 정작 이 곡을 들었을 때 월광소나타라는 것을 알아차리는 사람은 드물다. 이처럼 자주 접해 익숙하게 느끼는 것과 실제로 알고 있는 것은 다르다.

마키아벨리 역시 마찬가지다. 우리는 '마키아벨리즘' '마키아벨리스트' '마키아벨리적 방식' 등의 표현들을 평상시에 흔히 접한다. 이들은 대략 '목적 달성을 위해서는 수단과 방법을 가리지 않는 무자비함'과 같은 부정적 의미로 통용된다.

그런데 '마키아벨리'라는 단어가 일반명사처럼 널리 쓰이는 것과 비례해 마키아벨리에 대한 오해는 갈수록 커지는 역설이 생겨났다. 마키아벨리를 안다고 착각할 뿐, 그의 글을 읽어보지도 않았고 제대로 아는 것도 없다. 마키아벨리의 생각과 관점에 대한 이해는 전혀 없이 단어장을 암기하듯 표현만 사용될 뿐이다. 이미지의 확산이 실체와 괴리되는 대표적인 사례다.

마키아벨리와의 첫 만남은 1980년대 초반 학창 시절이었다. 과제 때문에 『군주론』을 읽게 됐는데, 별다른 감흥은 없었다. 경직된 이념이 휩쓸던 당시의 분위기에서 그 책은 매력이 없었고, 무엇보다 현실 경험이 전무했던 학생이 마키아벨리의 관점을 이해하기에는 역부족이었다. '목적 달성을 위해서는 피도 눈물도 없는 악당' 정도로 생각했던 마키아벨리에 대한 오해는 일부 풀렸지만, 그를 제대로 이해하기에는 시간이 좀더 필요했다.

학업을 마치고 사회에서 조직생활을 시작했다. 학교는 내가 돈을 내고 다니는 곳이므로 내가 고객이지만, 회사는 내가 돈을 받고 다니는 곳이므로 회사가 나의 고객이다. 따라서 요구 조건이 많은 것이 당연했다. 게다가 학창 시절의 일차원적 인간관계와 달리 기업조직의 관계 설정은 상하 관계와 이해 관계 등이 얽혀 다차원적으로 전개됐다.

시간이 흐르면서 조직 내부의 복잡하고 섬세한 역학 관계를 보는 눈이 생겨났고, 무엇보다 표면적인 명분에 현혹되지 않고, 그 뒤에 숨어 있는 현실적 이해 관계를 직시할 수 있게 됐다. 인간 군상들이 모여 만들어내는 복잡다기한 삶의 양상을 이해하도록 하는 경험들이 모이고 세월은 흘렀다. 그리고 마키아벨리를 다시 만났다. 어린 시절 헤어져 진가를 몰랐던 친구를 다시 만나보고, 새삼스레 탁월한 점을 발견하는 격이었다.

『군주론』으로 재회한 마키아벨리는 인간의 본성, 조직의 성격, 리더십, 통치 기술 등에 걸쳐 핵심을 꿰뚫고 있는 시대를 관통하는 천재였다. 그는 인간이 땅 위에서 발붙이고 살아가는 현실을 분명히 이해한 가운데 실질적인 해결책을 모색했다는 점에서 탁월했다. 선의를 앞세워 어쭙잖은 고담준론이나 늘어놓는 위선자들의 허위를 과감하게 까발렸고, 사람을 다루고 조직을 관리하는 데 필요한 권위와 힘을 확보하고 유지하는 문제를 정면으로 다루었다.

중요한 것은 이러한 관점이 추상적인 사유가 아니라 현실적인 체험에서 나왔다는 점이다. 마키아벨리는 죽어 있는 관념의 피안이 아니라 살아 있는 현실의 최전선에서 탁월한 정치사상을 발전시켰다.

마키아벨리의 시대를 알아야
마키아벨리가 제대로 보인다

　니콜로 마키아벨리는 1469년 피렌체에서 출생했다. 아버지 바르톨로메오는 변호사였지만 그다지 두각을 나타내지 못해 생활은 중류층 수준이었고, 이런저런 이유로 마키아벨리는 대학을 졸업하지 못했다.

　마키아벨리는 귀족 출신도 아니고 학벌도 변변치 못했지만, 타고난 재능이 인정되어 29세 때인 1498년에 피렌체공화국 제2사무국의 서기관에 발탁됐다. 이는 현재의 중앙부처 과장급에 해당되는 실무 관직이다. 마키아벨리는 같은 해 피렌체공화국의 외교안보 담당 핵심 조직인 10인 전쟁위원회의 비서로도 선출되어 이후 현직에서 물러나는 1513년까지 15년 동안 피렌체의 외교 전선을 종횡무진으로 누비게 됐다.

　마키아벨리의 사상을 이해하기 위해서는 먼저 그가 활동했던 시대를 이해해야 한다. 마키아벨리가 태어나기 1천 년 전인

서기 476년 서로마제국이 멸망하면서 서유럽의 고대 세계는 끝났고 중세가 시작됐다. 중세는 교회의 권위가 세속의 권력을 압도한 시대였고, 강력한 교회를 중심으로 재편된 사회는 군소 봉건영주들이 할거하는 형태로 변모했다.

교회의 권위가 절대적이었던 신과 교회의 중세는 500여 년이 흐르면서 인간과 세속을 중시하는 르네상스에 점차 자리를 내줬다. 역설적인 것은 교회의 권위가 절정에 달한 시점인 1096년에 시작된 십자군전쟁이 1291년까지 200년에 걸쳐 진행되면서 이탈리아반도 도시국가들의 경제력을 향상시켜 르네상스의 배경이 됐다는 점이다.

종교적 명분을 내건 십자군전쟁은 지중해를 중세의 죽어 있는 바다에서 고대 로마시대처럼 통상 교역의 살아 있는 바다로 재탄생시켰다. 13세기에 지중해 해상 교역을 기반으로 급성장한 베네치아·피렌체·피사·제노바 등 이탈리아의 도시국가에 전성기가 찾아왔다.

15세기에 이르러 이탈리아는 북부의 피렌체, 베네치아와 중부의 교황령, 남부의 나폴리왕국이 4대 세력을 형성하는 가운데 군소 공국들이 병존하는 구도로 변했다. 십자군전쟁 이후 200여 년간 지속된 경제 발전은 문화적 융성으로 이어지면서 이탈리아는 명실상부한 서유럽 문물의 중심지가 됐다.

하지만 십자군전쟁으로 시작된 지중해 교역이 가져온 이탈리아의 번영은 대항해 시대의 개막으로 종말을 고했다. 이탈리아 도시국가들이 지중해를 장악하고, 유럽-지중해-아랍-실크로드를 잇는 동방 교역을 독점하면서 전성기를 구가하는 가운데, 후발국인 스페인-포르투갈은 기존 교역 루트를 대신하는 새로운 길을 찾아나서는 모험에 나서서 성공을 거두었다. 1492년 콜럼버스는 신 대륙을 발견했고, 1498년 바스코 다 가마가 아프리카를 돌아나가는 인도 항로를 개척했다.

대양을 이용한 새로운 교역로의 등장으로 지중해의 중요성이 감소하면서 이탈리아 도시국가들의 경제 주도권 약화는 불가피했다. 경제 환경의 변화는 정치 환경의 변화로 이어져 중앙집권 체제의 통일 영토 국가로 변모한 스페인·프랑스·독일의 부상은 이탈리아 도시국가들의 정치적 입지를 급격히 축소시켰다.

스페인은 이탈리아 남부의 나폴리왕국에 대한 영향력 확대를 도모했고, 프랑스는 북부 피렌체공화국을 자신의 세력권에 넣었다. 1453년 비잔틴제국을 멸망시킨 터키는 베네치아와 지중해의 제해권을 놓고, 1571년 레판토해전까지 한 치 양보 없는 접전을 벌였다. 지중해의 제해권을 장악했던 강대 세력 베네치아조차도 생존을 위협받는 상황에서 갈기갈기 찢어지고 분열된 이탈리아는 앞날을 기약할 수 없는 정치적 혼돈 속으로 빠져들었다.

마키아벨리가 태어나고 활동했던 시대는 바로 이 시기였다. 특히 마키아벨리의 조국인 피렌체는 극심한 정치적 혼란을 겪고 있었다. 피렌체는 메디치가(家)의 코시모가 1434년 권력을 잡으면서 이후 4대에 걸쳐 50년간 메디치의 시대가 시작됐다. 메디치는 실질적으로 군주의 영향력을 가지고 정치·사회·문화를 주도했으나, 공식적인 지위는 갖지 않은 일개 시민 신분을 유지하는 참주정치의 형태로 피렌체를 통치했다.

메디치의 통치는 사려 깊었고 세련됐으나, 시대를 뛰어넘는 비전과는 거리가 멀었다. 지중해 시대가 끝나고 대항해 시대가 시작되면서 도시국가의 시대는 저물고 중앙집권형 영토국가가 부상하는 패러다임의 변화를 메디치는 따라가지 못했고, 르네상스 시대의 현상 유지 정책에 머물러 있었던 것이다.

이러한 가운데 메디치 가문의 4대 후계자인 피에로의 무능함까지 겹쳐 메디치는 추방되고, 베네치아를 본뜬 공화정이 수립

됐지만, 정국은 안정되지 않았다. 대중들을 선동하는 데 탁월한 재능을 가진 광신적 수도사 사보나롤라의 영향력이 커지는 가운데, 메디치의 공백을 메울 리더십도 형성되지 않아 정치적 혼란은 더욱 심해졌다.

단테가 『신곡』에서 계속 정치 체제를 바꾸는 피렌체를 '아픔을 견디지 못해 침대에서 계속 몸을 뒤척이는 환자'에 비유한 모습으로 단편적 정변은 있었지만, 미래를 위한 정치적 개혁은 지지부진했다.

마키아벨리는 이 시점에 피렌체공화국의 서기관에 임명됐다. 당시 피렌체공화국의 운명은 바람 앞의 등불과 같았다. 르네상스 시대에 정치·경제·외교의 전성기를 경험했고, 미켈란젤로와 레오나르도 다 빈치와 같은 예술계 거장들이 와서 활동할 정도로 앞선 문화를 자랑했지만, 내부 분열이 극심해 정치적 통합을 이루어내지도 못했고, 자체 군대도 없이 외교와 용병에만 안보를 의존하고 있었다.

문화 수준도 높고 자존심도 남아 있는 과거의 강자였지만 오늘날 정작 자신을 지킬 능력조차 사라져버린 신세로, 그나마 외교에라도 기대어 목숨을 부지해야 하는 처지였다.

현직에서 마키아벨리는 피렌체의 외교 실무를 담당하면서 사안에 따라 각국에 사절로 파견되어 협상 실무를 담당했다. 당시 유럽에서 상대국에 파견되는 대사는 나라의 얼굴로서 실력보다 태생이 우선해 귀족이나 명문가 출신이 맡는 것이 상례였다. 명문가 출신도 아니고 대학도 나오지 못한 마키아벨리는 대사직에 적절치 않아 보통 차석인 부사의 임무를 맡았다.

비록 차석이지만, 협상을 주도하고 본국에 보고서를 써서 보내는 역할을 수행하는 피렌체 외교의 최전선에 있었던 마키아

128

벨리는 국제 정세의 진면목을 유감없이 경험하게 됐다. 피렌체의 후견인을 자처했던 프랑스 루이 12세의 궁전에는 1500년부터 11년간 네 번씩이나 파견됐고, 1507년에는 신성로마제국 막시밀리안 황제의 궁정에서 6개월간 머물기도 했다. 그 외 중소 공국에 파견되어 크고 작은 교섭을 벌인 경험도 다양하게 쌓았다. 그 중에서도 특히 체사레 보르자는 『군주론』의 모델이 된 지도자였다.

33세의 마키아벨리는 27세의 체사레를 1502년 6월에 처음 만났다. 같은 해 10월에 다시 체사레에게 파견되어 3개월을 같이 지냈다. 마지막 만남은 체사레가 몰락한 1507년 3월에 이루어졌다. 교황 알렉산데르 6세의 아들이었던 체사레 보르자는 중앙집권형 영토국가의 부상이라는 시대적 흐름에 부응해 이탈리아반도 중부를 통합하는 중앙집권 국가를 만들어 스페인과 프랑스에 대항한다는 원대한 구도를 가지고 있었다.

부친인 교황의 후원과 자신의 타고난 재능이 결합되어 젊은 나이에 로마냐 지방에 공국을 창설하면서 급속히 세력을 확장하던 체사레는 예기치 않은 불운을 만나 좌절하게 됐다. 아버지와 자신이 동시에 말라리아에 걸리는 바람에 아버지인 교황은 사망하고, 자신은 정치적으로 완전히 몰락하게 됐던 것이다.

불과 3년 동안 불꽃처럼 일어났다가 사라진 체사레 보르자를 두고 훗날 마키아벨리는 『군주론』에서 이렇게 표현했다. "한 인물 속에 신이 마치 이탈리아의 죄를 속죄하라는 명령이라도 내린 것처럼 한 줄기 빛이 비친 적이 있다. 하지만 그는 생애의 절정에서 운의 버림을 받고 쓰러져버렸다." 하지만 운에 버림받은 체사레는 마키아벨리에 의해 새로운 시대를 상징하는 군주의 모습으로 되살아날 수 있었다.

마키아벨리의 공직생활은 44세가 되는 1512년에 끝났다. 피렌체에 정변이 일어나 메디치 가문이 복귀하면서 공화국의 충성스런 관료였던 마키아벨리는 직위를 유지할 수 없는 입장이 됐다. 이에 설상가상으로 1513년에는 반(反)메디치 음모에 가담한 혐의로 기소돼 재판을 받고 투옥됐다.

하지만 때마침 피렌체에 메디치 가문의 일원인 조반니 데 메디치 추기경이 교황으로 선출돼 레오 10세로 취임하는 경사가 있었다. 이때 특사로 풀려난 마키아벨리는 피렌체 남쪽에서 10킬로미터 떨어진 산탄드레아의 농장에 은둔한다. 영욕의 외교관 생활이 끝나고 위대한 작가의 시대가 시작됐던 것이다.

『군주론』의 위대한 점은
추상적 윤리와 현실 정치의 구분에 있다

작가로서 마키아벨리의 처녀작은 『군주론』이다. 처녀작이 대
표작이 된 경우다. 『군주론』을 집필하던 시절의 마키아벨리는
공직 복귀의 길을 모색하고 있었고, 이런 배경에서 『군주론』을
메디치 가문의 떠오르는 젊은 피였던 로렌초 메디치에게 헌정했
다. 하지만 로렌초는 이것을 읽어보지도 않았다고 전해진다. 마
키아벨리는 능력을 떠나서 이미 지나간 시대의 인물로 여겨졌던
것이다.

공직으로 재진입하는 것이 어렵다고 판단한 마키아벨리는
본격적으로 저술 활동에 들어갔다. 『정략론』과 『로마사 논고』에
이어 『만드라골라』라는 희곡까지 성공을 거두면서 당대의 작가
로 이름을 얻게 된 마키아벨리는, 1527년 생을 마감하는 날까
지 14년 동안 작가생활을 계속했다. 이 시기는 냉정하게 표현해
서 공직에 대한 미련을 완전히 버리지 못하고 기회를 잡지 못했
던 기간이었다.

    실제로 1527년 피렌체의 정변으로 메디치 가문이 추방되자 마키아벨리는 공석이 된 예전 자신의 자리인 제2서기국 서기관에 입후보했다. 하지만 6월 10일 국회에서 열린 투표에서 낙선해 마지막 희망이 물거품이 된 직후인 6월 22일 마키아벨리는 58세의 나이로 세상을 떠났다. 낙선에 따른 충격이 원인이었다고 전해진다.

    『군주론』은 마키아벨리가 외교의 최전선에서 축적한 경험이 유감없이 발휘된 역작이다. 특히 대항해 시대의 개막과 중앙집권적 영토국가의 부상이라는 새로운 패러다임을 이해하고, 이를 구현할 수 있는 배경과 능력까지 갖춘 체사레 보르자와의 만남은 전통적 통치술과 아울러 새 시대의 지도자가 갖춰야 할 덕목에 대한 마키아벨리의 사상을 정립시키는 계기로 작용했다.

　집필 목적이 자신의 공직 복귀를 위해 젊은 실력자인 로렌초 메디치에게 헌정하기 위한 것이었지만, 장차 조국 피렌체를 이끌어갈 젊은 지도자에게 새로운 시대의 도래와 필요한 역량을 당부하는 경험 있는 선배의 마음도 충분히 나타나 있다.

　『군주론』의 위대한 점은 현실의 정치를 추상적인 윤리와 분리시킨 점에 있다. 플라톤과 아리스토텔레스 이후 서양에서의 정치는 곧 윤리였다. 정치 이론이란 천상에 존재하는 가상 현실 국가에서 정치가의 고귀한 행동과 덕목을 논의하는 것에 불과할 뿐 현실 세계에 대한 논의는 실종된 것이나 마찬가지였다.

　정치가 종교에 종속되는 중세 시대에는 이런 경향이 더욱 지배적이었다. 르네상스 시대가 신에게서 인간을 분리해낸 과정이듯이, 마키아벨리는 윤리에서 정치를 독립시켰다는 점에서 새로운 시대의 대변자였다. '사람이 살아야 하는 방식'인 윤리와 '사람이 살고 있는 방식'인 정치를 명쾌하게 구분지으면서 그는 시공간을 뛰어넘는 위대한 사상가의 반열에 들어섰다.

『군주론』은 인간 심성과 군중심리의 본질에 대한 최고의 지침서다

『군주론』을 읽어보면 마키아벨리가 '선악을 가리지 않는 목적지상주의자'로 폄하되는 것이야말로 단세포적 오해의 산물임을 깨달을 수 있다.

"완벽한 선을 추구하지 말고 악해지는 법도 배워야 한다. 모든 면에서 완벽한 선을 추구하는 사람은 악한 사람들 속에서 파멸하기 쉽기 때문이다. 따라서 자신을 지키려는 군주는 악해지는 법을 배워야 한다."

마키아벨리는 군주라면 선한 의지를 가져야 한다고 역설한다. 단, 군주가 선함을 유지하려면 악함을 이해하고, 때로는 이용할 줄도 알아야 한다는 점이 중요하다. 실제로 악함이 겉으로 드러나는 악인은 악인보다는 차라리 바보에 가깝다. 진짜 악인은 선함을 가장한 교활함이 있다.

선(善)으로 포장할 수 있는 공간이 있는 한 악인은 정체를 드러내지 않고 선인으로 위장해, 진정한 선인을 공격하고 파멸시키는 일이 실제로 종종 일어난다. 따라서 지도자는 이런 악에 대처하기 위해 악을 이해하고, 충분히 이용할 줄 알아야 한다.

리더는 도덕을 외치는 종교인도 아니고 윤리를 가르치는 선생도 아니다. 리더의 임무는 공동체를 안전하게 유지하고 번영으로 이끄는 것이다. 이런 차원에서 개인 차원의 윤리와 지도자의 덕목은 별개라는 점을 분명히 한다.

"악덕처럼 보이더라도 번영을 위해서라면 행해야 한다. 미덕처럼 보이는 것도 실행했을 때는 파멸로 이어질 수 있고, 반면에 악덕처럼 보이더라도 행하면 안전과 번영을 가져올 수 있기 때문이다."

"사람들이 선이라고 여기는 것을 모두 행할 수는 없으며, 종

종 자신의 나라를 지키기 위해 인정·자비·믿음에 반대되는 행
동을 해야만 한다.”

　마키아벨리의 탁월함은 지도자가 표면적인 선악에 집착하는
단순한 통념에서 벗어나야 한다고 설파하는 데 있다. 일반 대중
들에게 선으로 받아들여지는 덕목도 결국 악으로 이어질 수밖
에 없는 경우가 흔하기 때문이다. “군주에게는 관대하다는 평
판 대신 인색하다는 평판이 필요하다”는 지적이 대표적이다.

　“군주는 관대하다는 평판을 얻고자 국민에게 큰 부담과 과
한 세금을 부과할 수밖에 없으며, 이 때문에 국민에게 미움을
사게 되고, 결국에는 가난해져 모두에게 멸시를 당할 것이다.
따라서 군주는 인색하다는 평판을 감수해야 한다. 그가 절약해
서 나라의 세입이 높아지면, 전쟁이 발발해도 국민에게 부담을
주지 않아도 된다. 그 사실이 알려지면 왕은 많은 사람들로부

터 관대하다는 평을 받게 될 것이다."

"관대함만큼 군주를 빨리 파멸시키는 것도 없다. 관대하다는 평을 얻기 위해 강탈하면서 증오와 불명예를 얻기보다는, 비난은 받지만 미움을 사지 않고 인색하다는 평을 듣는 것이 더 현명한 일이다."

마키아벨리가 지도자가 진정으로 관대해지기 위해서는 인색하다는 악평을 감수할 줄도 알아야 한다고 주장한 것은, 지도자란 대중의 인기에 울고 웃는 연예인이 아니라 올바르게 인정받는 리더의 길을 걸어야 한다고 보았기 때문이다. 대중선동가가 내세우는 달콤한 포퓰리즘의 함정에 빠진 공동체라면 귀담아 들어야 할 지적이다.

마키아벨리의 관점은 인간 심성과 군중심리의 본질을 이해하는 통찰력에서 출발한다. 그의 관점은 백면서생의 책상머리 공부가 아니라 현장 외교관의 치열한 경험에서 배태됐기 때문에 강력한 설득력을 확보한다.

"사람은 유산의 상실보다 부친의 죽음을 더 빨리 잊는다."

"국민들의 미움을 사지 않을 정도로 두려움의 대상이 되어야 한다. 은혜를 베푸는 동안 그들은 복종하고, 위급하지 않을 때는 자신의 피와 재산, 생명과 자식들까지 바치지만, 당장 필요할 때는 배반한다. 따라서 다른 안전 대책 없이 그들의 말에 의존했던 군주는 당장 파멸하고 만다. 위대하고 고귀한 정신에 의해서가 아니라 대가로 얻은 우정은 가치는 있지만 진실한 것이 아니며, 위기 상황에서 의지할 수 없기 때문이다."

이런 맥락에서 군주는 성실과 신의에만 의존해서는 안 되며, 때로는 책략과 잔인함조차도 활용할 줄 알아야 한다고 주장한다.

"군주가 정직하게 살아가는 것은 언제나 칭찬받을 가치가 있지만, 신의를 중요시하지 않고 지혜로운 사람들을 책략으로 속인 왕들이 위대한 업적을 남긴 적도 있다. 따라서 경쟁에는 두 가지 방법이 있음을 알아야 한다. 하나는 법에 의한 것이고, 다른 하나는 힘에 의한 것이다. 전자는 인간이 실행하는 것이고, 후자는 짐승들이 행하는 것이다. 또한 첫 번째 것은 때때로 불충분하기 때문에 두 번째 것에 의지할 필요가 있다. 따라서 왕은 인간과 동물의 본성을 어떻게 이용하는지 알아야 한다."

마키아벨리의 관점에서 군주란 인간과 동물의 본성을 모두 활용할 줄 알아야 하고, 선을 추구하기 위해 악을 사용하는 것도 마다하지 않아야 한다. 하지만 군주는 실체와는 무관하게 타인들에게는 항상 자비롭고 인정 많은 사람으로 비춰져야 한다고 주장한다. 정치의 핵심을 상징과 외양으로 파악한 마키아벨리는 군주도 상징과 외양에서 일반 도덕군자의 행동 방식과는 달라야 한다고 접근한다. 실제 정치에서 이미지가 실체보다 강력한 힘을 발휘하는 것은 자주 경험하는 일이며, 특히 미디어가 발달한 현대에서는 이런 현상이 더욱 두드러진다.

"군주는 자비롭고, 신의 있고, 인정이 있으며, 신앙심이 깊고, 공정하게 보여야 하는데, 이러한 자질을 다 갖출 필요는 없지만 그것들을 모두 지닌 것처럼 보이는 일은 매우 중요하다. 감히 말하건대 이를 갖추고 계속 실천하는 일은 해가 되지만, 가진 것처럼 보이는 것은 유용하다."

"군주는 위에 언급한 다섯 가지 자질이 결여된 말을 입 밖으로 새어나가지 않도록 매우 조심해야 한다. 그를 보고 그의 말을 들을 때 인자하고 고귀하며, 인간적이고 공정하며, 신앙심이 깊다고 느끼게 해야 한다. 그 이유는 인간은 일반적으로 자신이 느낀 것보다 보고 들은 것으로 판단하려고 하는데, 보고 들는

142

일은 누구나 가능하지만 직접 체험할 수 있는 자는 소수이기 때문이다. 모두가 군주의 보이는 모습만 알고 실체를 본 사람은 매우 적다."

『군주론』이야말로 21세기 기업경영과 조직리더십의 원형이다

마키아벨리의 진면목은 힘에 대한 생각에서 여실히 드러난다. "리더는 회초리를 들고 있으되 휘두르지는 않아야 한다"는 말처럼 회초리 없이 타인의 선의에 기대는 자는 이미 리더의 자격을 상실한 것이나 마찬가지다. 리더란 자신을 지키고, 자신의 뜻을 타인에게 관철할 힘이 있어야 존재할 수 있기 때문이다.

"군주는 무장한 군대 없이 존재할 수 없다."

"적절한 군사력을 갖추지 못한 군주는 멸시받을 수 있다."

"용병으로 나라를 지킨다면 결코 안전하지 못하다."

"개혁을 원한다면 애원이 아니라 자신의 힘에 의존하라."

『군주론』에 나오는 이러한 관점은 마키아벨리가 현직에 있었던 1503년 피렌체공화국 종신 대통령 소델리니에게 제출한 정책 제언에서 여실히 나타난다.

"국가는 어느 시대에나 스스로를 지키기 위해서는 힘과 사려가 필요했다. 사려만으로는 충분하지 않으며, 힘만으로도 모자라기 때문이다. 사려만으로는 생각을 실행에 옮길 수 없고, 힘만으로는 실행에 옮긴 것을 계속할 수 없다. 이 두 가지는 어떠한 정치이든지 간에 그 기능을 효율적으로 발휘시키는, 한마디로 말해 정치의 근본이 되는 것이다. 이 현실은 과거에도 그랬고, 장래에도 변함없을 것이다."

"인간은 자기 자신를 지켜주지 않거나 과오를 교정할 힘을 가지지 않은 자에게 충성을 다할 수 없다."

"시대는 변하며, 무엇보다 중요한 것은 언제까지나 남의 칼에 의지할 수만은 없는 것이다."

피렌체는 강력한 군대가 독재자 출현의 배경이 될 수 있다는 생각에서 전통적으로 정규군 없이 안보를 용병과 외교에 의존하고 있었다. 이는 정치적 분쟁의 범위가 이탈리아반도 내의

도시국가에 국한돼 있었던 르네상스 시대에는 유효했지만, 프
랑스와 스페인과 같은 중앙집권국가 중심으로 재편되는 새로
운 시대에는 맞지 않았다. 마키아벨리는 피렌체의 생존을 위해
서는 무력을 확보해야 한다는 자신의 구상을 30대 현직 시절에
실행에 옮기기까지 했다.

　그는 피렌체 주변의 농민들을 규합한 피렌체 정규군 창설
을 추진했고, 1506년 2월 15일 피렌체 시뇨리아광장에서 보병
400명의 행진을 성사시켰다. 이어 같은 해 12월 6일 피렌체공화
국 국회는 정규군 창설을 공식 승인했다. 마키아벨리가 주도한
농민군은 실제 전승까지 거두었다. 1509년 6월 마키아벨리가
만든 정규군을 주축으로 하는 피렌체군은 피사를 재점령하는
데 성공한다.

　마키아벨리의 사고방식은 서양에서만이 아니라 정치가 기능

하는 인간 사회에 보편적인 양상이었다. 동양에서도 정치적 투쟁은 언제나 있는 일이었고, 이러한 과정에서 다양한 정치적 관점이 발달됐다. 공자를 위시한 덕치(德治)가 대외적 명분으로 활용됐지만 실제로는 마키아벨리와 같은 관점이 광범위하게 통용되어왔다. 중국 춘추시대 송나라 양공의 고사(古事)가 대표적이다.

송나라 양공은 춘추 5패(五覇) 가운데 한 사람인 강력한 군주였다. 정나라가 초나라와 가깝게 지내는 것을 괘씸하게 여긴 양공은 기원전 638년 정나라를 공격했다. 초나라가 정나라를 구하러 원군을 보냈고, 양공은 이를 맞아 홍수(泓水)에서 결전을 벌이기로 하고 강변에 먼저 도착해 진용을 갖추었다.

초나라 군사가 강을 건너기 시작하자 참모들은 적군이 강을 절반쯤 건넜을 때가 승기를 잡을 절호의 기회이므로 공격하자고 건의했다. 그러나 양공은 이를 받아들이지 않았다. 상대 편의 약점을 노리는 것은 군자가 취할 바가 아니라는 이유였다.

마침내 초나라 군사가 강을 다 건넜다. 양공의 참모들은 적군이 대형을 갖추기 전에 공격해야지, 더 늦추면 위험하다고 간곡히 진언했다. 양공은 이 또한 옳지 않다고 물리치고 한참을 더 기다려 초군이 전투 태세를 갖춘 후에야 싸움을 시작했다.

결국 송나라는 대패했고, 양공도 부상을 입고 목숨을 잃었다. 후세 사람들은 어설픈 도덕률에 빠져 전쟁에 지고 목숨까지 잃은 양공의 필요 없는 정, 즉 어리석은 관용을 일컬어 '송양지인(宋襄之仁)'이라는 교훈으로 삼았다.

현실과 동떨어진 백면서생들이나 도덕만을 앞세우는 정치적 사기꾼들은 물리적 힘이 없이도 관대함과 자비로움으로 리더가 될 수 있다고 강변할지 모르지만, 조금이라도 현실을 겪어본 사람이라면 이러한 언사의 허구성을 본능적으로 느낄 수 있다.

　　마키아벨리는 위선과 가식을 버리고 현실에 존재하는 군주가 가져야 할 힘에 대해 정면에 맞서 용감하게 진실을 이야기한다. 이런 점에서 "권력은 총구에서 나온다"고 말한 모택동이야말로 저급하지만, 가장 충실한 마키아벨리의 제자인지도 모른다.

　　조선시대 성리학자들도 도덕정치를 내세웠지만, 자신을 지킬 힘도 없었던 나라는 임진왜란과 병자호란 등 수많은 전란의 피해자가 될 수밖에 없었다. 게다가 도덕군자를 자처하는 성리학자들이 벌였던 당파싸움의 추악함은 현실에 무지한 가운데 명분에만 집착하는 정치를 경계했던 마키아벨리의 교훈을 되새기게 한다.

　　마키아벨리는 정치를 '가능성의 기술'이라고 생각했다. 국가의 역량과 주변 환경을 고려해 공동체가 생존하고 번영해 나아갈 수 있는 경로를 끊임없이 찾아내는 과정을 정치로 이해했던 것이다. 이는 현대 기업경영에서도 마찬가지다. 따라서 마키아 벨리의 시각은 비단 국가와 정치의 영역뿐만 아니라 기업과 리더십에서도 강력한 시사점을 제공한다.

마키아벨리 시대의 대규모 조직은 국가와 교회가 유일했지만, 기업 조직은 국가의 범위와 경계를 넘어서는 수준으로 성장했다. 글로벌 기업은 과거 웬만한 국가를 능가하는 자원과 인력을 관리하고 통제한다. 따라서 마키아벨리가 말하는 '군주론'은 'CEO론'과 '리더십 이론'으로 충분히 재해석될 수 있다. 『군주론』에 나오는 몇 개의 주제를 기업 관점에서 다시 되새겨보자.

"새로운 질서를 도입하는 것보다 어렵고 위험한 것은 없다."
→ 혁신을 추진하는 것은 어렵고 위험한 일이다.

"군주에게 충성을 다하면서 탐욕스럽지 않은 귀족들은 아껴야 한다."

→ 리더에게 충성하면서 자신의 이익을 챙기지 않는 간부들은 아껴야 한다.

"다른 나라를 공격하기 위해 자신보다 강한 나라와 손잡지 마라."

→ 경쟁자를 공격하기 위해 전략적 제휴를 맺을 경우에는 자신보다 강한 기업을 피해야 한다.

"용병으로 나라를 지키려 한다면 결코 안정되거나 안전하지 못하다."

→ "다른 사람이 일으켜줄 것이라고 생각하지 말고, 스스로의 힘으로 지켜내라."

→ 기업의 핵심 경쟁력은 내부에서 확보해야 한다. 아웃소싱은 비핵심 부문에만 국한해야 한다.

"군사 전술에 정통하지 못한 군주는 결코 존중받지 못한다."
"자신의 국토를 잘 알아야 국토 방위를 잘 이해할 수 있다."
→ 사업의 본질에 대한 이해가 부족한 CEO는 리더십을 확보할 수 없다.

"국가를 발전시키려고 노력하는 사람들에게 그 대가를 제공하라."
→ 조직에 기여하는 사람에게 인센티브를 제공하라.

이 밖에『군주론』에 있는 다른 항목들도 기업의 CEO, 임원, 중간 간부 입장에서 나름대로 폭넓은 재해석의 여지가 있다.

이는 마키아벨리의 사상이 주변 강대국에 둘러싸인 약소국인 피렌체공화국의 생존과 번영을 모색하는 현직 관료의 고민에서 출발한 만큼 그의 사고방식은 끊임없는 경쟁 속에서 생존을 모색해야 하는 현재의 기업과 접목될 수 있기 때문이다. 이런 면에서 『군주론』은 21세기 기업경영학과 조직 리더십의 원형이라고 할 수 있다.

『군주론』을 읽기 위한 전제조건은 세상을 있는 그대로 이해하는 것이다

『군주론』을 읽기 위한 전제조건은 '세상을 있는 그대로 이해하고 싶은 자세'다. 로마의 위대한 정치가 율리우스 카이사르는 이렇게 말했다. "인간은 누구나 모든 것을 보지 못한다. 많은 사람들이 자기가 보고 싶어하는 것밖에 보지 못한다."

선과 악이라는 단순한 이분법의 구도에 매몰되어 현실을 보지 않으려는 사람이 『군주론』을 읽는 것은 시간 낭비에 불과하다. 이해는커녕 오해만 깊어질 뿐이고, 어쭙잖은 반감으로 마음만 불편해질 가능성이 높다.

하지만 자기가 보고 싶어하는 것만 보는 것이 아니라 있는 그대로의 세상을 이해할 자세가 마련돼 있는 사람에게 『군주론』은 인간이 살아가는 현실에 대한 귀중한 통찰력의 원천이 될 것이다.

특히 조직에 대한 경험이 일정 부분 뒷받침돼 있다면 이해를 넘어서 마키아벨리와 폭넓은 공감대를 이룰 수 있을 것이라고 확신한다.

『군주론』은 인간이 살아가는 현실에 대해 시공간을 뛰어넘는 보편적 진리를 담고 있다. 마키아벨리 이전에도 다른 사람들이 현실에서 느껴왔던 부분이지만, 통찰력이 결여됐거나 용기가 부족해 감히 드러내놓고 말하지 못했던 부분을 당당하게 짚고 있다. 『군주론』이 시대를 뛰어넘는 고전이 된 이유도 바로 이것 때문이다.

『군주론』에 압축돼 있는 마키아벨리의 사상은 현재 21세기 세상에도 여전히 적용 가능하다. 기술이 발전하고 시대는 바뀌었지만, 인간이 모여 조직을 만들고 살아가는 양상은 과거와 달리 변한 것이 없기 때문이다. 또한 마키아벨리의 시각은 비단 국가와 정치의 영역뿐만 아니라 기업과 리더십에서도 강력한 시사점을 제공하고 있다. 이런 면에서 마키아벨리의 『군주론』은 21세기에도 유효한 기업전략과 조직리더십의 살아 있는 교훈이라고 할 수 있다.

인생을 어떻게 살아야 할 것인가

에픽테토스의 인생을 바라보는 지혜

에픽테토스 지음 | 강현규 엮음 | 키와 블란츠 옮김 | 값 12,000원

내면의 자유를 추구했던 에픽테토스의 철학과 통찰이 담겼다. 현실에 적용 가능한 구체적이고 실천적인 에픽테토스의 철학을 내면에 습득해 필요한 상황이 올 때마다 반사작용처럼 적용할 수 있다면, 그 어떤 역경과 어려움 앞에서도 굴하지 않고 꿋꿋하게 살아남아 최후의 승리자가 될 수 있을 것이다. 현실에 좌절하고 힘들어하는 모든 현대인들에게 에픽테토스의 철학이 담긴 이 책을 권한다.

인간에 대한 위대한 통찰

몽테뉴의 수상록

몽테뉴 지음 | 정영훈 엮음 | 안해린 옮김 | 값 12,000원

가볍지도 과하지도 않은 무게감으로 몽테뉴는 세상사의 다양한 주제들에 대해 본인의 견해를 자신 있고 담담하게 풀어낸다. 이 책을 읽으며 나의 판단이 바른지, 내가 지금 제대로 살고 있는지, 앞으로 어떻게 살아야 하는지 등을 수없이 자문해보자. 원초적인 동시에 삶의 골자가 되는 사유를 함으로써 의식을 환기하고 스스로를 성찰하며 인생의 전반에 대해 배우는 계기가 될 것이다.

나는 때론 혼자이고 싶다

혼자 있는 시간이 가르쳐주는 것들

허균 지음 | 정영훈 엮음 | 박승원 옮김 | 값 14,000원

중국의 여러 책에서 은둔과 한적에 관한 내용을 모아 담은 허균의 『한정록』을 현대적 감각에 맞게 재편집한 책이다. 이 책을 읽으며 '나 자신'을 돌아보고 성장할 수 있는 시간을 가져보자. 수많은 이야기를 통해 혼자 보내는 시간이 얼마나 뜻깊고 즐거운지 느낄 수 있을 것이다. 혼자 보내는 시간의 즐거움이란 외따로 살아가는 즐거움이 아니라 온전한 나로 깨어 있는 삶의 즐거움임을 이 책을 통해 깨닫기를 바란다.

관계의 99퍼센트는 성격이다

성격도 수리가 됩니다

헨리 켈러만 지음 | 마도경 옮김 | 값 16,000원

감정을 억제하거나, 심하게 자신의 감정을 통제하거나, 감정 통제가 불가능하거나 의존적이거나 등 그 어떤 성격 유형이든 이 책에 나오는 모든 상황은 나 또는 내 주변 사람들이 겪고 있는 정신적인 문제다. 하지만 다행히 저명한 심리학자인 저자는 사람의 성격은 바꿀 수 있다고 말한다. 이 책을 통해 나에게 고착화된 '성격'은 어떤 것인지 파악함과 동시에 주변 사람들을 이해하는 데 도움이 될 만한 많은 정보를 얻어보자.

관계, 사랑, 운명을 바꾸는 감사의 힘

그저 감사했을 뿐인데

김경미 지음 | 값 15,000원

저자는 긍정심리학을 오래 연구한 학자로서 일상을 통한 감사함의 실천이 행복에 이르는 길이라는 이야기를 이 책에 담았다. 감사의 눈으로 자신과 세상을 바라보면 '가짜 행복'이 아닌 '진짜 행복'을 찾을 수 있으며, 행복은 멀리 있는 것이 아니라 우리 주변에 있다는 평범하지만 위대한 삶의 진리도 깨닫게 된다. 이 책을 통해 너무나도 잘 알고 있었던 '감사'의 효과를 실생활에서 누려보자.

주변에 사람이 모여드는 말 습관

이쁘게 말하는 당신이 좋다

임영주 지음 | 값 15,000원

말의 원래 모습을 잘 살려 따뜻한 삶을 살고 싶은, 이쁘게 잘 말하고 싶은 사람들을 위한 공감의 책이다. 특히 주변 사람들로부터 "말 좀 제발 이쁘게 하지?"라는 말을 한 번이라도 들어본 적 있다면 이 책을 꼭 읽을 것을 권한다. 한 번뿐인 소중한 인생, 우리 모두 '성질'과 '성격'대로 마구 말하는 것이 아니라 '인격'으로 다듬어 말하는 사람, 즉 이쁘게 말하는 사람이 되어보자. 말은 우리의 모든 것이기 때문이다.

관계의 99%는 감정을 알고 표현하는 것

나도 내 감정과 친해지고 싶다

황선미 지음 | 값 15,000원

감정에 휘둘리지 않고 내 감정과 친구가 되고 싶은, 그래서 행복하게 살고 싶은 사람들을 위한 인생지침서다. 상담학 박사인 저자는 감정에 대해 제대로 알고 친해지는 법을 소개한다. 이 책은 인간이 가진 다양한 감정 중에서도 일상적이며 부정적인 감정들에 대해 이야기하며 부정적인 감정에 휩쓸리지 않고 감정을 잘 받아들이는 것이 핵심이라고 말한다. 이 책을 통해 자신의 감정을 제대로 알고 표현하는 법을 익혀보자.

서로의 마음속에 온기가 스며들다

사람과 사람 사이의 따뜻함이 그립다

이현주·노주선 지음 | 값 15,000원

인간관계로 힘들어하는 사람들을 위해 관계로부터 자유로워지는 심리학을 담았다. 직장내 상하 관계거나 동료 관계 혹은 사적인 관계 모두에서 서로를 향해 통로가 열려 있다고 믿는다면, 갈등 상황에 놓이더라도 해결의 실마리는 함께 찾아나갈 수 있다. 우호적인 관계를 형성하기 위해서는 상대를 아는 것이 첫 걸음이다. 사람들과 제대로 소통하기 위한 심리학의 핵심 노하우들이 이 책에 모두 담겨져 있다.

읽고 또 읽어야 할 불멸의 고전

논어

권경자 역해 | 값 17,000원

『논어』 498장을 완역한 이 책은 특히 논어를 처음 접하는 입문자들에게 유용하다. 각 장마다 역해자의 친절한 강(講)이 달려 있어 어렵게만 느껴지던 『논어』 독해가 쉬워진다. 권경자 교수가 역해한 이 책은 친절한 『논어』 읽기 지도'다. 원문을 최대한 현대어에 가깝게 직역한 후 단어를 풀이하고, 이해를 돕기 위해 강을 붙이는 등 이 책만으로도 『논어』라는 산을 등반하기에 어려움이 없길 바라는 역해자의 바람을 담았다.

사기는 어떻게 경영의 무기가 될 수 있을까?

나는 사기로 경영을 배웠다

김영수 지음 | 값 16,000원

국내 최고의 『사기』 전문가인 저자가 30여 년에 걸친 『사기』 연구를 통해 얻은 통찰력을 바탕으로 리더십과 경영의 지혜를 이 책에 담아냈다. 사마천의 『사기』에 기록된 역사적 사실과 사례 및 고사들을 통해 전략, 인재, 조직관리, 리더와 리더십의 지혜를 얻을 수 있으니 기업의 현실에 『사기』에 담긴 지혜와 통찰을 대입해보자. 이 책에 담긴 인간과 조직, 사회의 내면을 응시하는 시선은 살아 숨 쉬는 교훈이 될 것이다.

"성찰하지 않는 삶은 살 가치가 없다!"

소크라테스적 성찰

엄정식 지음 | 값 15,000원

철학이 삶의 무기가 되는 현실에서 소크라테스적 관점을 가져보고 그러한 방식으로 살아가도록 하는 데 목적을 둔 책이다. 서강대학교 철학과 명예교수인 저자는 이 책을 통해 소크라테스의 진면목을 소개한다. "생각하고 또 생각하라"라는 소크라테스가 전하는 가르침이 격동의 시대를 살아가는 우리들에게 어떠한 의미로 다가올 것인지를 음미해본다. 시대의 구분과 상관없이 소크라테스의 철학으로 내 삶의 무기를 만들어보자.

삶의 근본을 다지는 인생 수업

해주고 싶은 말

세네카 외 5인 지음 | 강현규 엮음 | 값 14,000원

이 책은 인생, 행복, 화, 시련, 고난, 쾌락, 우정, 노년, 죽음 등 우리 인간의 삶에 대한 통찰을 담고 있다. 세네카의 『화 다스리기』 『인생론』 『행복론』, 아우렐리우스의 『명상록』, 에픽테토스의 『인생을 바라보는 지혜』, 키케로의 『노년에 대하여』 『우정에 대하여』, 톨스토이의 『어떻게 살 것인가』, 몽테뉴의 『수상록』 등 9권의 위대한 인문 고전에서 현대의 독자들을 위해 정수만을 뽑아내 재편집한 결과물이다.

나는 걱정 없이 둔감하게 살기로 했다

걱정 내려놓기

강용 지음 | 값 15,000원

걱정이 많은 사람들을 위한 심리처방서다. 심리상담 전문가인 저자는 걱정을 하는 것이 꼭 나쁜 일만은 아니지만 지나친 걱정은 개선해야 한다고 말한다. 자신의 문제만 바라보면 걱정과 불안이 커지지만 자기 자신 문제의 원인을 찾고 변화를 향해 나아가면 걱정과 불안은 자신에게 긍정적인 역할을 한다. 이 책을 통해 걱정을 내려놓기로 결심하고, 상처받은 자신의 마음을 들여다보고, 걱정을 승화시켜 행복한 삶을 살아보자.

갈등에 서툴고 막막한 사람들을 위한 책

갈등을 잘 다루니 인간관계가 쉬워졌습니다

이민식 지음 | 값 16,000원

이 책은 갈등에 취약한 사람들을 위한 심리처방전이자 인간관계 지침서다. 사람과 사람 사이에는 항상 갈등이 존재하며 우리는 인간관계로 인해 웃기도, 울기도 한다. 이 때문에 갈등을 제대로 직면하는 마음가짐과 갈등을 다루는 방법은 꼭 익혀야 한다. 이 책을 통해 저자가 알려준 다양한 대응 레퍼토리를 복합적으로 사용해보자. 물론 처음에는 쉽지 않을 것이다. 그러나 누구나 연습을 통해 갈등을 잘 다룰 수 있다.

먹는 것 때문에 힘든 사람들을 위한 8가지 제안

음식이 아니라 마음이 문제였습니다

캐롤린 코스틴·그웬 그랩 지음 | 오지영 옮김 | 값 16,000원

캐롤린 코스틴은 실제로 거식증을 앓아 '살기 위해' 심리학을 공부했으며, 이를 자신에게 직접 적용해 완치한 후 미국 최고의 섭식장애 전문가가 되었다. 이 책은 먹는 것으로부터의 회복과 자유를 갈구하는 사람들에게 진정 필요한 것이 무언인지 명쾌하게 알려준다. 먹는 것 때문에 고통을 겪는 사람들은 물론이고, 주변의 가족과 친구들도 이 책을 읽으며 한결 마음의 안정을 얻을 수 있을 것이다.

삶의 거울이 되는 영화 속 여자들의 인생 이야기

영화, 여자를 말하다

이봄 지음 | 값 15,000원

23편의 영화 속 여자들의 인생을 거울삼아 깨달음을 주고 나답게 살아갈 용기를 주는 자기계발서다. 저자는 영화를 통해 주인공들이 겪는 다양한 상황을 간접적으로 경험함으로써 자기 일상의 한계를 넘어서는 시야를 가질 수 있게 된다고 말한다. 이 책에 등장하는 영화 속 그녀들에게 연대감을 느끼고 이 사회가 여자인 당신에게 사회 구성원으로서 기대하는 성역할의 무게를 실감하고 있다면, 이 책이 큰 위로가 될 것이다.

■ 독자 여러분의 소중한 원고를 기다립니다

메이트북스는 독자 여러분의 소중한 원고를 기다리고 있습니다. 집필을 끝냈거나 집필중인 원고가 있으신 분은 khg0109@hanmail.net으로 원고의 간단한 기획의도와 개요, 연락처 등과 함께 보내주시면 최대한 빨리 검토한 후에 연락드리겠습니다. 머뭇거리지 마시고 언제라도 메이트북스의 문을 두드리시면 반갑게 맞이하겠습니다.

■ 메이트북스 SNS는 보물창고입니다

메이트북스 홈페이지 www.matebooks.co.kr

책에 대한 칼럼 및 신간정보, 베스트셀러 및 스테디셀러 정보뿐만 아니라 저자의 인터뷰 및 책 소개 동영상을 보실 수 있습니다.

메이트북스 유튜브 bit.ly/2qXrcUb

활발하게 업로드되는 저자의 인터뷰, 책 소개 동영상을 통해 책에서는 접할 수 없었던 입체적인 정보들을 경험하실 수 있습니다.

메이트북스 블로그 blog.naver.com/1n1media

1분 전문가 칼럼, 화제의 책, 화제의 동영상 등 독자 여러분을 위해 다양한 콘텐츠를 매일 올리고 있습니다.

메이트북스 네이버 포스트 post.naver.com/1n1media

도서 내용을 재구성해 만든 블로그형, 카드뉴스형 포스트를 통해 유익하고 통찰력 있는 정보들을 경험하실 수 있습니다.

STEP 1. 네이버 검색창 옆의 카메라 모양 아이콘을 누르세요.   STEP 2. 스마트렌즈를 통해 각 QR코드를 스캔하시면 됩니다.
STEP 3. 팝업창을 누르시면 메이트북스의 SNS가 나옵니다.